# カットクロスでつくる布こもの

文化出版局編

つい買ってしまったはぎれや、洋裁をしたときに余った生地など、

手芸好きならばだれもが持っているカットクロス。

さまざまな大きさの布を組み合わせて、

バッグやポーチ、ルームシューズやエプロンなど、

普段の生活で使える、かわいいこものたちを作ってみましょう。

この本では、使用しているカットクロスのサイズを
大きく3つにわけて表記しています。

● Sサイズ　20×20㎝

いわゆる、はぎれサイズ。
パッチワークのピースをとるのにも便利な大きさです。

● Mサイズ　50×25㎝

50㎝幅のカットクロスは110㎝幅の生地で
カットしやすいのでよく売られています。
ポーチの裏布などにも使いやすいサイズ。

● Lサイズ　70×50㎝

インテリアファブリックなどによくあるサイズ。
少し大きめのバッグも作れます。

S：3枚　M：2枚 という場合、Sサイズを3枚、Mサイズを2枚用意すれば作れます。
布を用意するときの目安にしてください。

# CONTENTS

# フラットファスナーポーチ

赤とベージュを基調にした、花柄、チェック、ストライプ。
さまざまなプリントや柄を上手に組み合わせるコツは、
ポイントになる色を絞っておくこと。

Design：青木恵理子　*How to make >> p.40*

作りやすい、まちのないファスナーポーチで、
布合せを楽しみましょう。

flat fastener pouch

# stripe bag

M : 3枚　L : 1枚

## ストライプのパイプ口金バッグ

口が大きく開く、アルミパイプの口金を使います。
出し入れしやすいのが特徴ですが、パイプを布でくるんで
持ち手にしているため、形くずれしにくく、見た目よりたくさんものが入ります。

Design：越膳夕香　*How to make >> p.42*

少し高さのあるものを入れるときは、
口布を引っ張り出して使います。

M：2枚

# 2wayランチケース

シンプルで実用的な帆布のバッグに
リバティプリントを組み合わせて、華やかさをプラス。
コンパクトに使いたいときは口布を内側に入れて、
折り返してループに差し込むとしっかりふたができます。

Design：久文麻未　*How to make >> p.44*

two-way lunch case

M ： 2枚　L ： 1枚

# ペットボトルケース

色の切替えがさわやかな、ペットボトルケース。
インテリア用の中厚生地を表に使い、裏地もしっかりついているので
バッグの中で、手帳や財布への水滴移りを防いでくれます。

Design：青木恵理子　*How to make >> p.45*

PET bottle case

内側の縫い代は、
花柄のパイピングでアクセントに。

## S:1枚　M:3枚　L:1枚

# バニティポーチ

小さめのボトルならば立てて収納でき
ふたを大きくあけたまま使えることから
コスメポーチの王道、バニティポーチ。
持ち歩きやすいサイズ感もポイントです。

Design：komihinata　*How to make >> p.46*

vanity pouch

S:2枚 L:2枚

# テトラポーチ

三角錐のテトラポーチ。
きれいなブルーのファスナーが、アクセントに。
よく見かける、縦にまっすぐついたファスナーではなく、
斜めのラインにそってついているのが特徴です。

Design：komihinata　*How to make >> p.48*

## tetra pouch

reversible beret

表のストライプはマニッシュな印象、
裏はガーリーなドット柄です。

## リバーシブルベレー

黒のトリミングが効いた、リバーシブルのベレー。
表裏ともに8枚ずつ同じ大きさのパーツをはぎ合わせて、
頭の回りをバイアステープで処理するだけ。
ストライプの出方を合わせると、
きれいな放射状のデザインになります。

Design：越膳夕香　*How to make >> p.50*

# reversible
# granny bag

L：2枚

## リバーシブルグラニーバッグ

「おばあちゃんのバッグ」という意味を持つ、
グラニーバッグ。
懐かしいフォルムは、たっぷりギャザーで収納力があり、
普段使いにぴったりです。
印象の違う2種類の布で作り、
気分や服装に合わせて裏返して使います。

Design：越膳夕香　*How to make >> p.51*

# 水玉トラベルセット

## スリッパ、アイマスク、マスク、巾着大小

移動の時や滞在先のホテルで役立つトラベルセット。
乾燥からのどを守るマスク、心地よい睡眠を助けるアイマスク、
靴を脱いでリラックスするためのスリッパがセットで作れます。

Design：青木恵理子　*How to make >> p.52*

## dot travel set

スリッパとマスクには、
収納のための巾着も一緒に作ります。

square pouch

S:7枚　M:4枚

## スクエアポーチ

小さなはぎれを集めて作る、スクエアポーチ。
コットン、リネン、素材によって質感だけでなく、
赤の色味が少しずつ違っていて、味わいのあるパッチワークに。

Design：青木恵理子　*How to make >> p.40*

ファスナーエンドにはアクセントに、
小さなタブがついています。

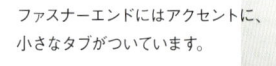

**L : 1枚**

# リネンボーダーのサコッシュ

太めボーダーのさわやかなリネンバッグ。
軽くて肩かけもできるので、さっとたたんで、
エコバッグ感覚で持ち歩くのにも便利です。

Design：青木恵理子　*How to make >> p.56*

linen border sacoche

tablet pc case

タブレットケースには、
中にタッチペンホルダーがついています。

S:1枚 M:3枚 L:2枚 ／ S:4枚 M:2枚

## タブレットケース＆スマホケース

スマホを守ってくれるキルト芯入りのケース。
ナスカンつきのストラップでバッグの持ち手に通して使えるので、
バッグの中で迷子になりません。

Design：komihinata　*How to make >> p.58*

# smartphone case

flower sewing set

おしりのところに巻きとりメジャーが入った
ネコメジャー。
しっぽを引っ張ってはかります。

## S : 6枚

# 花柄お裁縫セット

## シザーケース、トレー、針刺し、ネコメジャー

ハンドメイドのお裁縫道具。アルミカップにつけた針刺し、
使いかけの材料に便利なトレー、シザーケースとネコメジャー。
自分で作ると、よく使うものや、
持っている道具に合わせてカスタムできるのが魅力です。

Design：久文麻未　*How to make >> p.60*

S：2枚　M：1枚

## モノトーンペンケース

よく使うペンを、少しだけ持ち歩く。そんなときに便利な
ミニタイプのペンケース。黒ベースのドットとモノグラム柄の組合せなら、
シックで使いやすいデザインになります。

Design：komihinata　*How to make >> p.62*

## M：2枚

# 袱紗と扇子入れ

社会人になるお祝いにプレゼントすると喜ばれる袱紗。

Mサイズの生地2枚で、あると便利な扇子入れがおそろいで作れます。

紫と白を基調にすると慶弔どちらにも使えて便利。

織り生地ならぐっとおしゃれで高級感のあるものに。

Design：越膳夕香　*How to make >> p.64*

# small silk wrapper & folding fan case

# パッチワークのがま口ポーチ

正方形の小さなピースを使ったがま口。
まちの幅をピース1枚に合わせると、角がきちんとできて
かちっとした印象のポーチになります。

Design：越膳夕香　*How to make* >> p.66

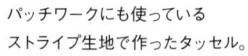

パッチワークにも使っている
ストライプ生地で作ったタッセル。

patchwork
kiss lock purse

simple bookcover

## M ： 2枚

# シンプルブックカバー

とてもシンプルなレシピで、作りやすく使いやすい文庫本カバー。
表は少し厚手の生地を、裏地は好みの柄やプリントを楽しめる
薄手のコットンがおすすめです。

Design：青木恵理子　*How to make >> p.63*

# フラット巾着ポーチ

## スクエア　ラウンド

旅行に持っていくのに、何かと便利なフラットになる巾着。
ホテルなどに滞在するときには広げてコスメやアクセサリーを置いておき、
持ち歩くときにはきゅっとひもを引き絞ります。

Design：久文麻未　*How to make >> p.57*

# flat drawstring pouch

本体がシンプルな色のときは、
アクセントになる色のリボンを選びます。

# フリルバッグ

ミントグリーンの裏地が、さわやかなミニバッグ。
たっぷりフリルで、幾何学模様のクールな生地に
ロマンティックな雰囲気をプラスしています。

Design：久文麻未　*How to make >> p.68*

## frill bag

ダーツで少しまちを作るだけで、
使い勝手のよいバッグに。

L : 2枚

# リネンストール

リネンのギンガムチェックと無地を
交互にはぎ合わせ肌触りのよいストールに。
ていねいに糸をほどいて撚り合わせたフリンジが、
デザインポイントになっています。
水通しをしたら絞った形のまま乾かして、
ナチュラルなしわ感を楽しみましょう。

Design：越膳夕香　*How to make >> p.49*

linen stole

# mini tote style pouch

S : 2枚　　M : 1枚

## トート型ミニバネポーチ

花柄、水玉、ストライプと、はぎれの定番柄を集めて、

レトロかわいいバネポーチに。

開け閉めが簡単で使いやすいので、手作りアイテムとしても人気です。

Design : komihinata　*How to make >> p.70*

28

# ティッシュケースつきファスナーポーチ

パステルカラーを効かせた、さわやかなデザイン。
ポケットティッシュケースとファスナーポーチの組合せは、
使い勝手がよく、プレゼントにもとっても喜ばれます。

Design：komihinata　*How to make >> p.72*

tissue pocket pouch

# room shoes

M：2枚　L：1枝

## ルームシューズ

ころんとした丸いフォルムのルームシューズ。
ビビッドな色味のボタニカル柄は、
人気のアフリカンバティック。
ほどよく張りがあって、丈夫で扱いやすいので、
ルームシューズにぴったりです。

Design：久文麻未　How to make >> p.74

# apron

L : 2枚

## エプロン

こちらもアフリカンバティックを使用した、
胸当てつきのエプロン。
大きめのポケットと、サイドのはぎ合せが
デザインポイントです。
サイズは、肩ひもで調節可能。

Design：久文麻未　*How to make >> p.76*

M：1枚　L：3枚

# トートバッグ

大きめの柄をポイントにデザインした、
収納力抜群のお買い物バッグ。
肩かけしやすい長めの持ち手と大きなポケットが便利です。
内袋と同じイエローのトリミングをポケットにつけて、
アクセントにしています。

Design：komihinata　*How to make >> p.78*

tote bag

# mini basket

柄違いで2つ作って、
並べて飾るのがおすすめ。

S : 5枚

## ミニミニバスケット

リップやハンドクリームなどのコスメを入れたり、小瓶をしのばせて
窓辺や玄関に花を飾ったり、インテリアとしても活躍するミニバスケット。
細かなものの整理に役立ちます。

Design：komihinata　*How to make >> p.69*

wool tote bag

### L : 2枚

## ウールトートバッグ

オーソドックスな舟形のトートバッグ。まちも大きく、
普段使いの小物がしっかり収まるサイズです。
パッチと持ち手に使った柔らかい合皮素材は、
ミシンでも簡単に縫えて、補強やアクセントにぴったり。

Design：青木恵理子　*How to make >> p.80*

**S** : 6枚　**L** : 1枚

## パッチワークフラットバッグ

革の持ち手とシックな色合いで、大人っぽい印象のバッグ。
表には、同じ素材の生地を色違いで6種類使っています。
正方形の組合せなので、縦横、
好きな大きさにアレンジして作ってみては。

Design：越膳夕香　*How to make >> p.82*

patchwork flat bag

pathbook case

### M ： 2枚

## 通帳ケースと印鑑入れ

Mサイズのカットクロス2枚を使って、セットで作れます。
通帳ケースにはカードを入れるポケットが、
印鑑ケースには朱肉入れのチャームがついて、
たいせつなものの収納と持ち歩きにぴったりの仕様になっています。

Design：越膳夕香　*How to make >> p.37*

# 通帳ケースと印鑑入れ　*page36*

〈出来上り寸法〉　通帳ケース　縦10.5×横17cm　印鑑入れ　縦3.5×横8.5cm

〈材料〉布はカットクロス → page2
Mサイズ（50×25cm／綿ジャカード）を1枚
　通帳ケース本体表布・通帳ポケットA・カードポケットA・
　印鑑入れ表袋布・飾り布用
Mサイズ（50×25cm／綿ストライプ）を1枚
　通帳ケース本体裏布・通帳ポケットB・カードポケットB・
　印鑑入れ裏袋布用

接着芯（薄手不織布タイプ）　45×50cm
がま口口金角丸（幅8.4×高さ3.3cm）を1個〔F20・G／角田商店〕
紙ひも　40cm
朱肉入れ（直径約2cm）を1個〔Y64・G／角田商店〕
とめ具つきボールチェーン（直径1.5mm長さ10cm）を1本
　〔Y65・G／角田商店〕

単位は cm　縫い代は指定以外0.8cmつける
〈裁ち方図〉　実物大型紙は page39
　　　　　　　接着芯（ :::: ）を布の裏にはり、各パーツを裁つ

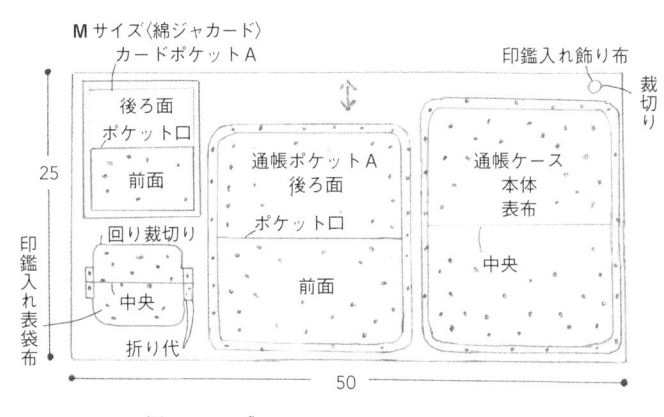

Mサイズ〈綿ジャカード〉
カードポケットA
印鑑入れ飾り布
後ろ面 ポケット口
前面
回り裁切り
中央
折り代
通帳ポケットA 後ろ面 ポケット口
前面
通帳ケース 本体 表布 中央
25
50
印鑑入れ表袋布

Mサイズ〈綿ストライプ〉
通帳ケース本体裏布・通帳ポケットB・カードポケットB・
印鑑入れ裏袋布も同様に接着芯をはって裁つ

## 通帳ケース

### 1 カードポケットを作る

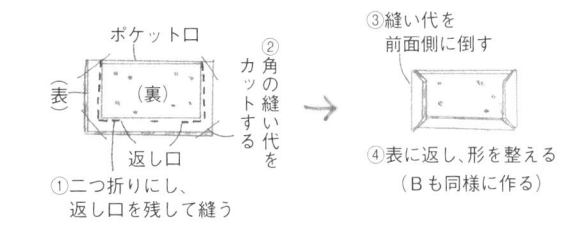

①二つ折りにし、返し口を残して縫う
ポケット口
（表）　（裏）
返し口
②角の縫い代をカットする
③縫い代を前面側に倒す
④表に返し、形を整える（Bも同様に作る）

### 2 通帳ポケットを作る

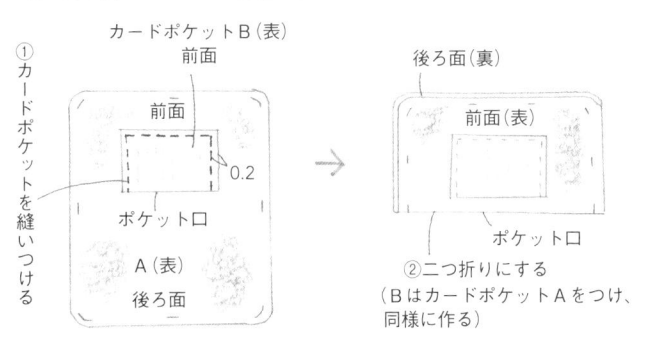

①カードポケットを縫いつける
カードポケットB（表）
前面
前面
0.2
ポケット口
A（表）
後ろ面

後ろ面（裏）
前面（表）
ポケット口
②二つ折りにする（BはカードポケットAをつけ、同様に作る）

## 3　本体裏布を作る

①返し口の縫い代に
切込みを入れて折る

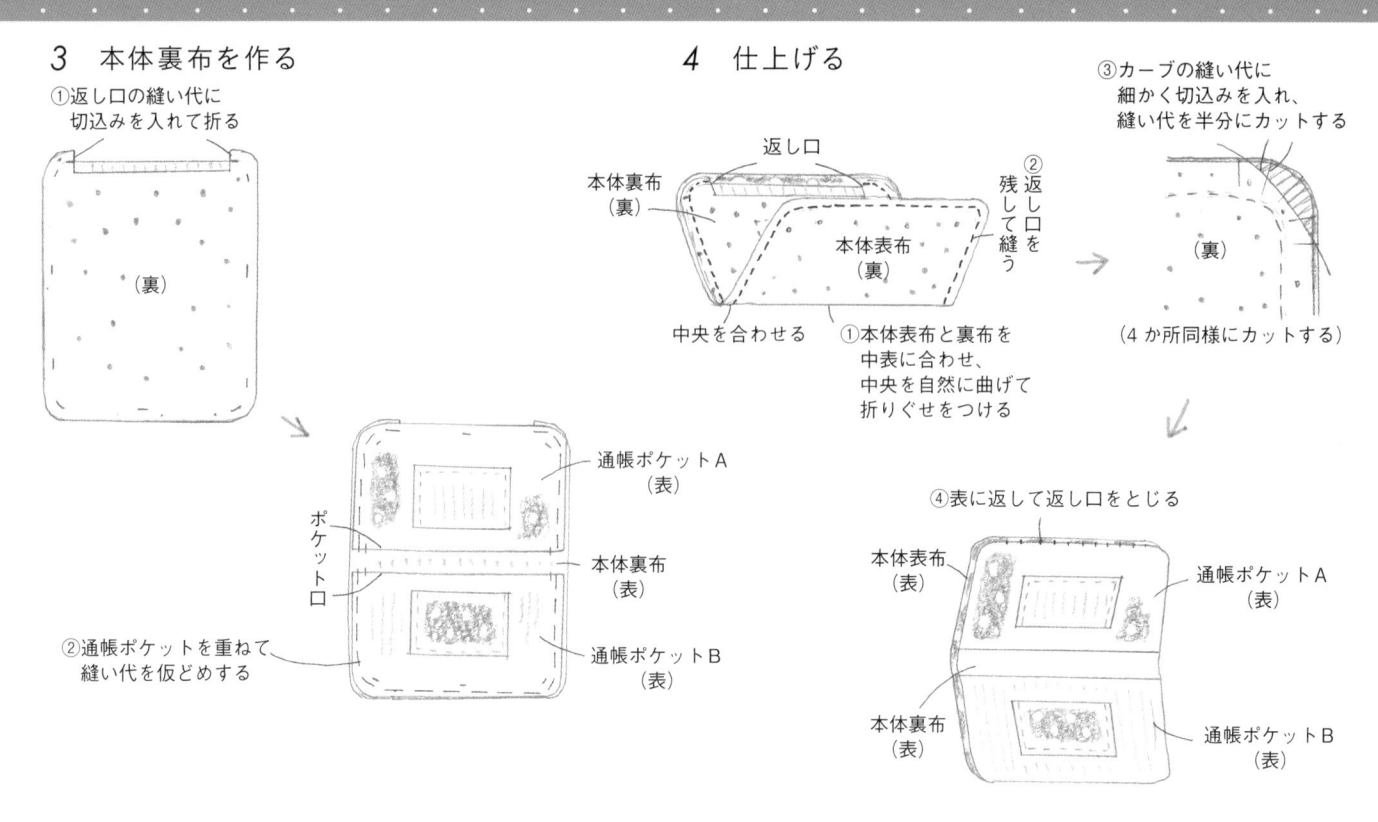

（裏）

## 4　仕上げる

返し口

本体裏布
（裏）

②返し口を残して縫う

本体表布
（裏）

中央を合わせる

①本体表布と裏布を
中表に合わせ、
中央を自然に曲げて
折りぐせをつける

③カーブの縫い代に
細かく切込みを入れ、
縫い代を半分にカットする

（裏）

（4か所同様にカットする）

通帳ポケットA
（表）

ポケット口

本体裏布
（表）

②通帳ポケットを重ねて
縫い代を仮どめする

通帳ポケットB
（表）

④表に返して返し口をとじる

本体表布
（表）

本体裏布
（表）

通帳ポケットA
（表）

通帳ポケットB
（表）

## 印鑑入れ

### 1　袋布を作る

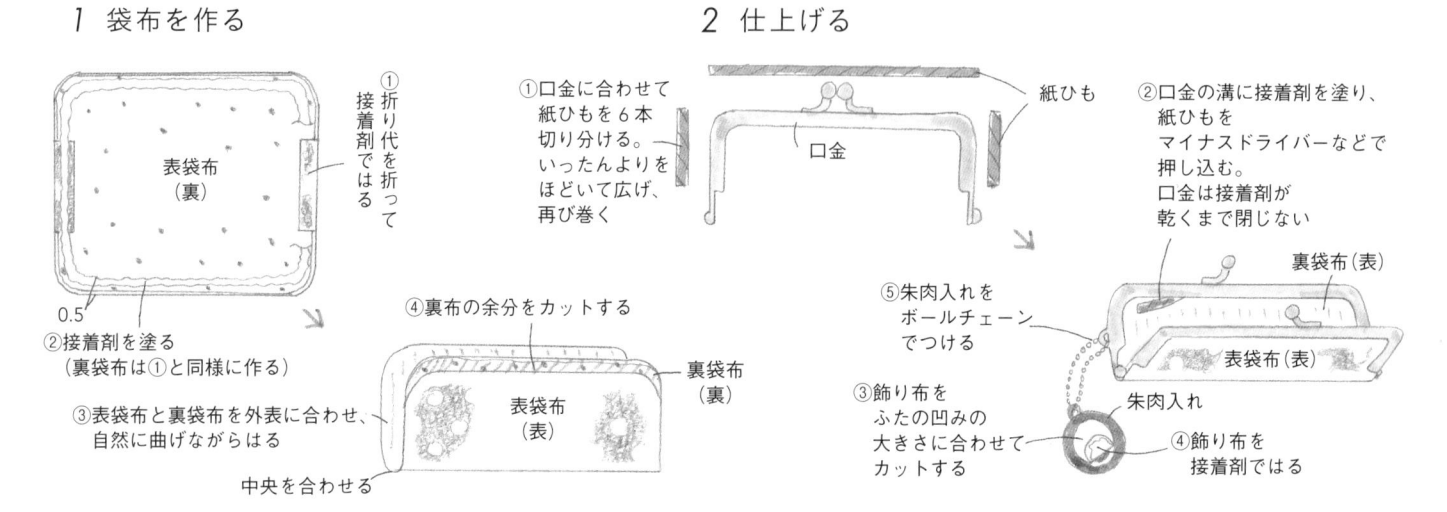

①折り代を折って
接着剤ではる

表袋布
（裏）

0.5

②接着剤を塗る
（裏袋布は①と同様に作る）

③表袋布と裏袋布を外表に合わせ、
自然に曲げながらはる

中央を合わせる

④裏布の余分をカットする

表袋布
（表）

裏袋布
（裏）

### 2　仕上げる

①口金に合わせて
紙ひもを6本
切り分ける。
いったんよりを
ほどいて広げ、
再び巻く

紙ひも

口金

②口金の溝に接着剤を塗り、
紙ひもを
マイナスドライバーなどで
押し込む。
口金は接着剤が
乾くまで閉じない

⑤朱肉入れを
ボールチェーン
でつける

③飾り布を
ふたの凹みの
大きさに合わせて
カットする

朱肉入れ

④飾り布を
接着剤ではる

裏袋布（表）

表袋布（表）

実物大型紙

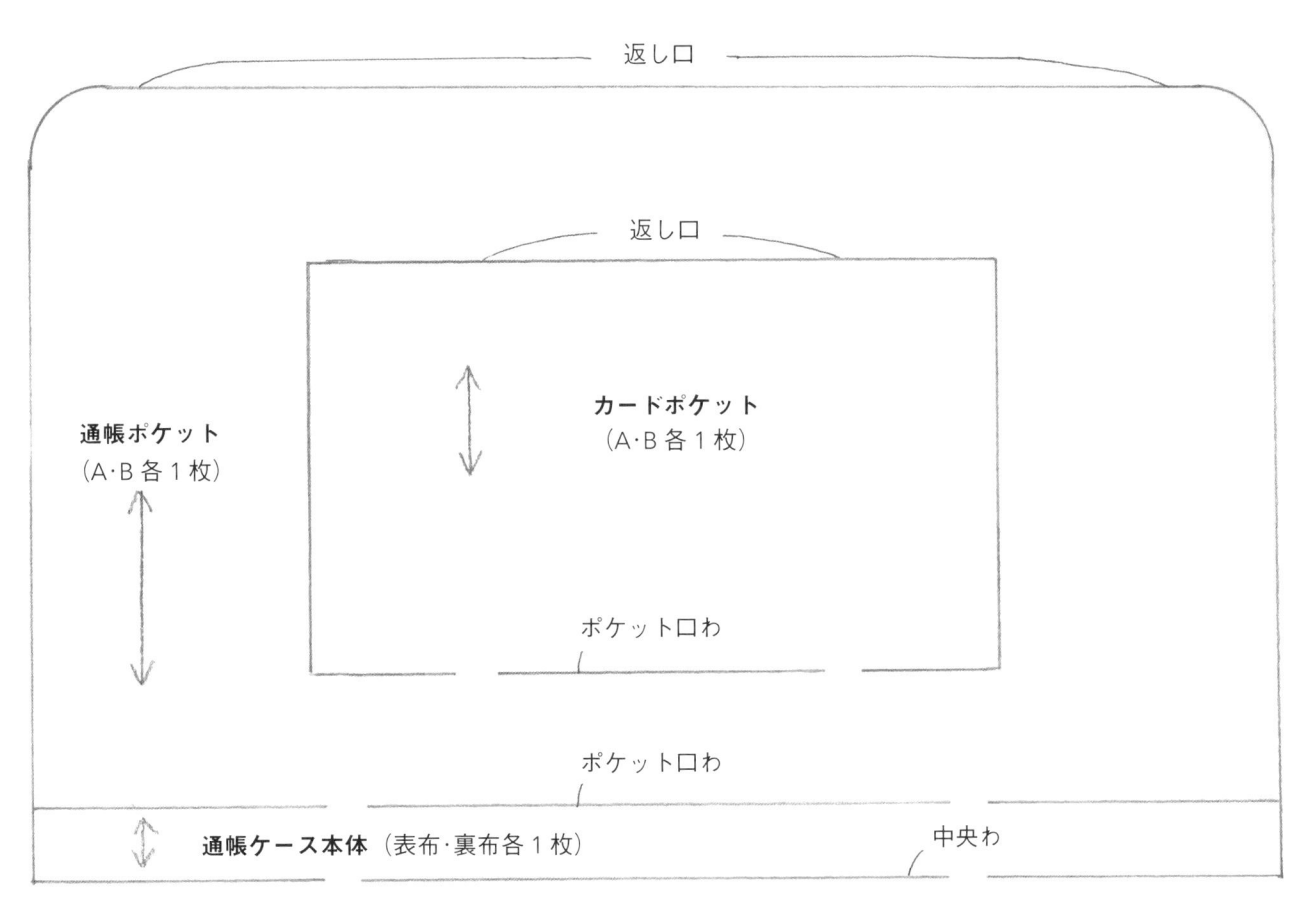

返し口

返し口

**カードポケット**
（A・B 各 1 枚）

**通帳ポケット**
（A・B 各 1 枚）

ポケット口わ

ポケット口わ

**通帳ケース本体**（表布・裏布各 1 枚）　中央わ

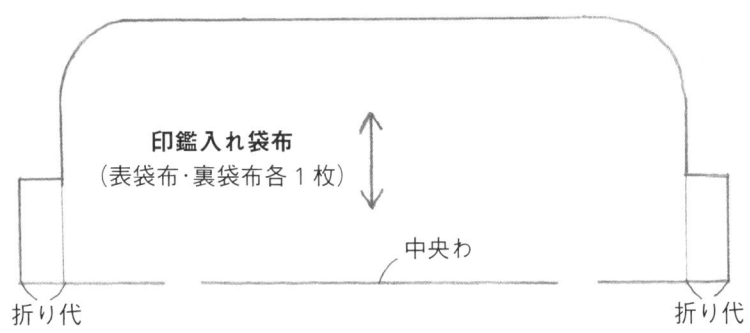

**印鑑入れ袋布**
（表袋布・裏袋布各 1 枚）

中央わ

折り代　　　　折り代

# フラットファスナーポーチ　page4　スクエアポーチ　page14

〈出来上り寸法〉　フラットファスナーポーチ　縦15.5×横21cm　スクエアポーチ　縦9×横12×まち幅7cm

〈材料〉1点分／布はカットクロス→ page2

**フラットファスナーポーチ**
Sサイズ（20×20cm ／綿、麻など写真参照）7種、
Mサイズ（50×25cm ／綿、麻など写真参照）3種を各1枚
　パッチワーク布 A ～ J用〔B・E・G・Jは CHECK&STRIPE〕
Mサイズ（50×25cm ／綿ギンガムチェック）を1枚
　裏袋布・パイピング布用〔CHECK&STRIPE〕

**2点共通**
両面接着芯　23×37cm
ファスナー　長さ20cmを1本

**スクエアポーチ**
Sサイズ（20×20cm ／綿、麻など写真参照）6種、
Mサイズ（50×25cm ／綿、麻など写真参照）3種を各1枚
　パッチワーク布A～D、F～J用〔B・G・Jは CHECK&STRIPE〕
Sサイズ（20×20cm ／綿無地）を1枚
　パッチワーク布E・タブ用〔CHECK&STRIPE〕
Mサイズ（50×25cm ／綿ストライプ）を1枚
　裏袋布・パイピング布用〔CHECK&STRIPE〕

## フラットファスナーポーチ

単位は cm　すべて裁切り

〈裁ち方図〉

パッチワーク布
Sサイズ
6　A　6　B
11　14

Mサイズ
4　C
23

3.5　D
23

Sサイズ
15　E　15　F
13.5　11.5

Mサイズ
6　G
23

Sサイズ
8.5　H　8.5　I　8.5　J
9　8　10

## 1　袋布を作る

1

②
①と裏袋布を外表に合わせて両面接着芯ではる

②①と裏袋布を中表に合わせて縫い、
両面接着芯ではる

A　B
C
D
E　F
G
H　I　J

パッチワーク布を中表に合わせて縫い、❶、❷の順に表袋布を作る

裏袋布（裏）

Mサイズ〈綿ギンガムチェック〉　パイピング布

袋口側　袋口側
25　　裏袋布　　17
23
33　　4
50

## 2　ファスナーをつける

①袋口側に両面接着芯をはる
1
裏袋布

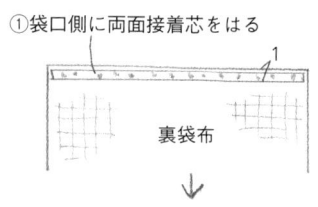

②①を折ってはり、
折り代に両面接着芯をはる
1
裏袋布

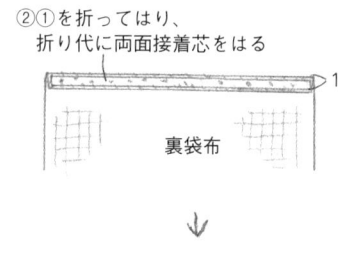

③ファスナーを重ねてはり、縫う
（もう一方も同様に作る）
ファスナー（表）
1.5　0.2　0.5
両端を下げる
表袋布

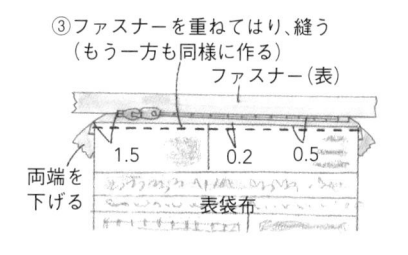

## 3 仕上げる

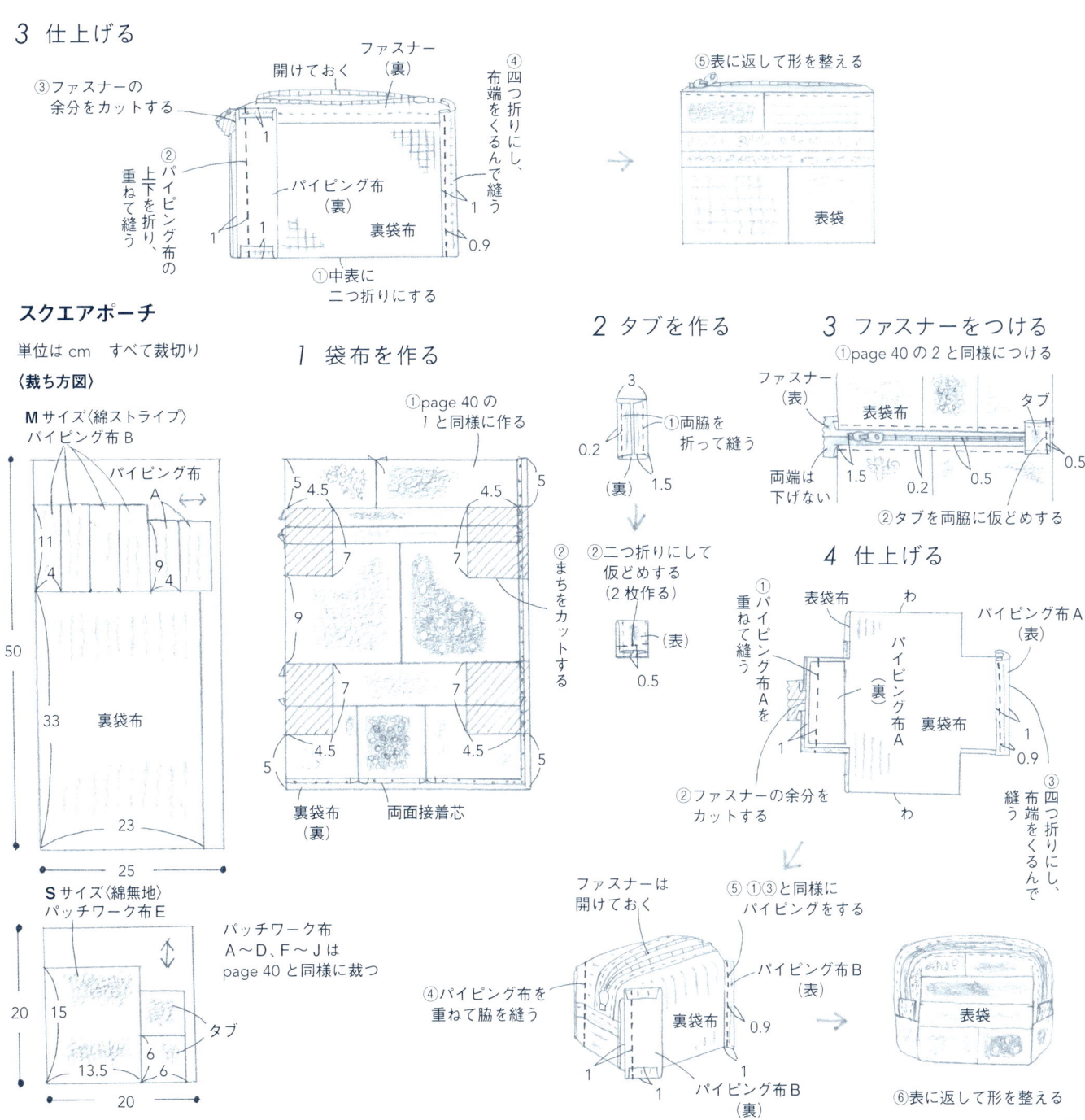

③ファスナーの余分をカットする

②パイピング布の上下を折り、重ねて縫う

開けておく

ファスナー（裏）

④四つ折りにし、布端をくるんで縫う

⑤表に返して形を整える

パイピング布（裏）

裏袋布

1

1

1

1

0.9

①中表に二つ折りにする

表袋

## スクエアポーチ

単位は cm　すべて裁切り

〈裁ち方図〉

Mサイズ〈綿ストライプ〉
パイピング布B

パイピング布A ⟷

11
4
9
4

50

33　裏袋布

23

25

Sサイズ〈綿無地〉
パッチワーク布E

パッチワーク布 A〜D、F〜J は page 40 と同様に裁つ

20

15

タブ

6

13.5　6

20

## 1 袋布を作る

①page 40 の 1 と同様に作る

5　4.5　4.5　5

7　7

9

②まちをカットする

7　7

4.5　4.5　5

裏袋布（裏）　両面接着芯

## 2 タブを作る

3
0.2

①両脇を折って縫う

（裏）　1.5

②二つ折りにして仮どめする（2枚作る）

（表）　0.5

## 3 ファスナーをつける

①page 40 の 2 と同様につける

ファスナー（表）

表袋布

タブ

両端は下げない

1.5　0.2　0.5　0.5

②タブを両脇に仮どめする

## 4 仕上げる

①パイピング布Aを重ねて縫う

表袋布

わ

パイピング布A（表）

パイピング布A（裏）

裏袋布

1
0.9

③四つ折りにし、布端をくるんで縫う

②ファスナーの余分をカットする

わ

ファスナーは開けておく

④パイピング布を重ねて脇を縫う

⑤①③と同様にパイピングをする

パイピング布B（表）

裏袋布

0.9

1

1

パイピング布B（裏）

表袋

⑥表に返して形を整える

# ストライプのパイプ口金バッグ *page5*

**〈出来上り寸法〉** 縦23×横（底）30×まち幅10cm

**〈材料〉** 布はカットクロス → page2

Mサイズ（50×25cm ／麻ストライプ）を2枚
　表袋布用

Mサイズ（50×25cm ／綿チノクロス）を1枚
　ポケット・口布用

Lサイズ（70×50cm ／麻ストライプ）を1枚
　底・裏袋布用

接着芯（薄手不織布タイプ）　45×135cm

底板（ベルポーレン）　厚さ1.5mmを29.5×9.5cm

アルミパイプハンドル くし型（幅24×高さ11cm）を1組み〔角田商店〕

底びょう（直径1.4cm半丸）を4組み〔E37・N ／角田商店〕

単位は cm　縫い代は1cmつける

**〈裁ち方図〉**

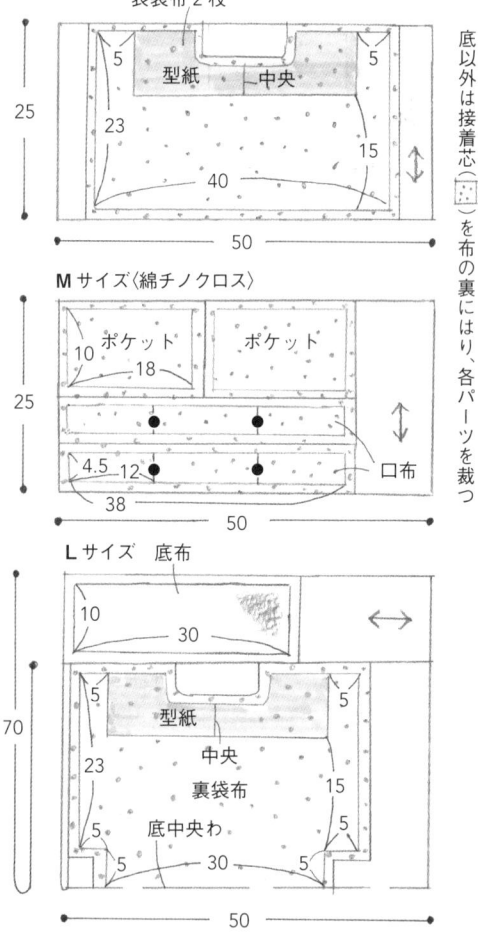

Mサイズ〈麻ストライプ〉
表袋布2枚

底以外は接着芯（□印）を布の裏にはり、各パーツを裁つ

Mサイズ〈綿チノクロス〉

Lサイズ　底布

## 1 口布を作る

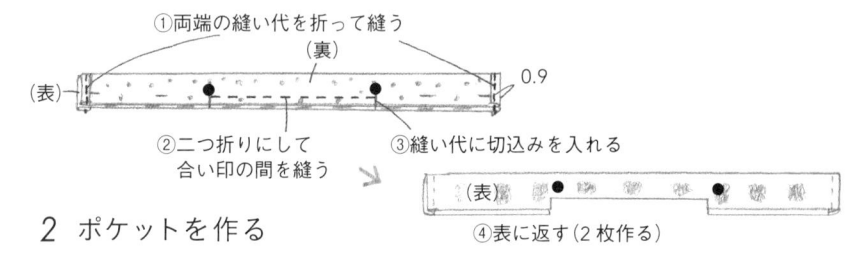

①両端の縫い代を折って縫う
（裏）
（表）　0.9
②二つ折りにして合い印の間を縫う
③縫い代に切込みを入れる
（表）
④表に返す（2枚作る）

## 2 ポケットを作る

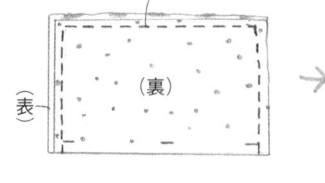

①2枚を中表に合わせて底以外を縫う
（表）
（裏）

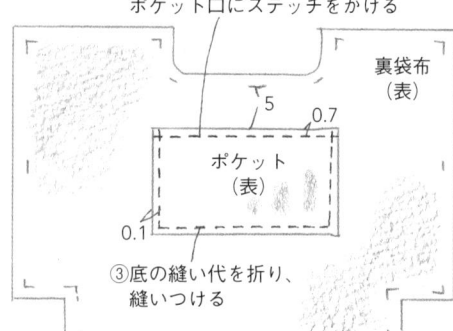

②表に返してポケット口にステッチをかける
裏袋布（表）
5　0.7
ポケット（表）
0.1
③底の縫い代を折り、縫いつける

## 3 底板を作る

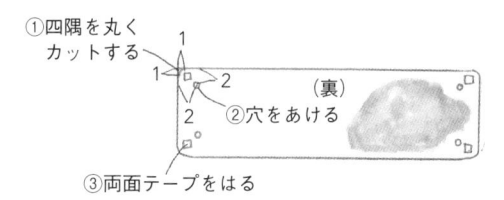

①四隅を丸くカットする
1
1
2
（裏）
2
②穴をあける
③両面テープをはる

# 4 袋布を作る

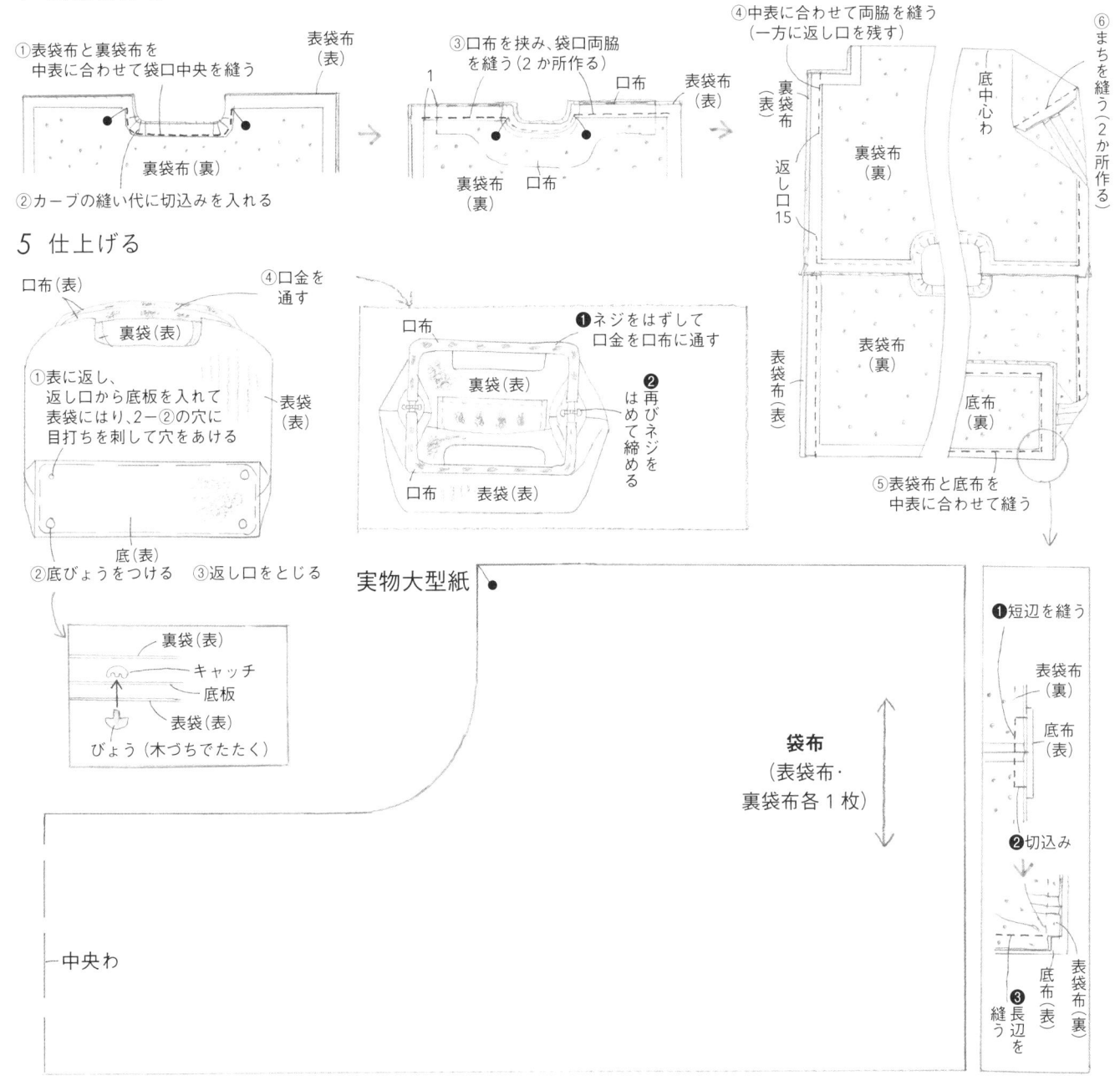

①表袋布と裏袋布を
中表に合わせて袋口中央を縫う

表袋布
（表）

②カーブの縫い代に切込みを入れる

裏袋布（裏）

③口布を挟み、袋口両脇
を縫う（2か所作る）

口布

表袋布
（表）

1

裏袋布
（裏）

口布

④中表に合わせて両脇を縫う
（一方に返し口を残す）

⑥まちを縫う（2か所作る）

裏袋布
（表）

底中心わ

裏袋布
（裏）

返し口
15

表袋布
（裏）

表袋布
（表）

底布
（裏）

⑤表袋布と底布を
中表に合わせて縫う

# 5 仕上げる

口布（表）

④口金を通す

裏袋（表）

①表に返し、
返し口から底板を入れて
表袋にはり、2ー②の穴に
目打ちを刺して穴をあける

表袋
（表）

底（表）

②底びょうをつける　③返し口をとじる

裏袋（表）

キャッチ
底板
表袋（表）

びょう（木づちでたたく）

口布

裏袋（表）

口布　　表袋（表）

❶ネジをはずして
口金を口布に通す

❷再びネジをはめて締める

## 実物大型紙

袋布
（表袋布・
裏袋布各1枚）

中央わ

❶短辺を縫う

表袋布
（裏）

底布
（表）

❷切込み

底布
（表）

表袋布
（裏）

❸長辺を縫う

# 2 way ランチケース   *page6*

〈出来上り寸法〉　縦20（口布を広げたとき35）×横（袋口）23・（底）13
　　　　　　　　×まち幅10cm

〈材料〉布はカットクロス → page2
Mサイズ（50×25cm／綿11号帆布）を1枚
　袋布用
Mサイズ（50×25cm／綿プリント）を1枚
　口布用

単位は cm　すべて裁切り

〈裁ち方図〉

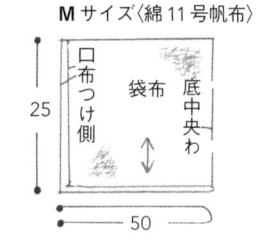

**M**サイズ〈綿11号帆布〉

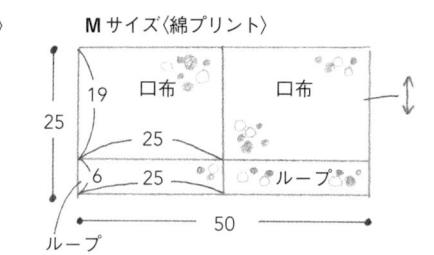

**M**サイズ〈綿プリント〉

## 1　ループを作る

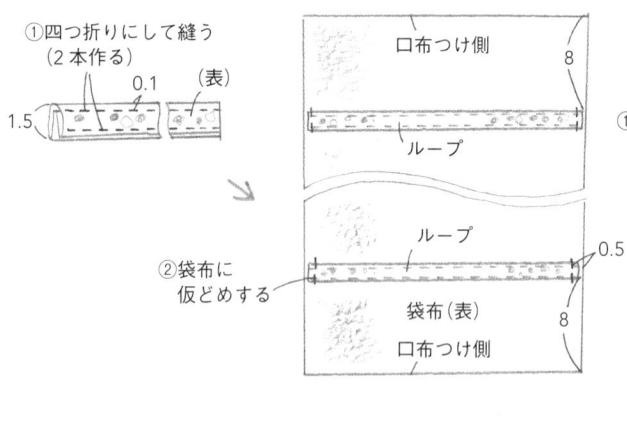

①四つ折りにして縫う
（2本作る）
0.1
（表）
1.5

②袋布に
仮どめする

口布つけ側
8
ループ
ループ
0.5
袋布（表）
8
口布つけ側

## 2　口布を作る

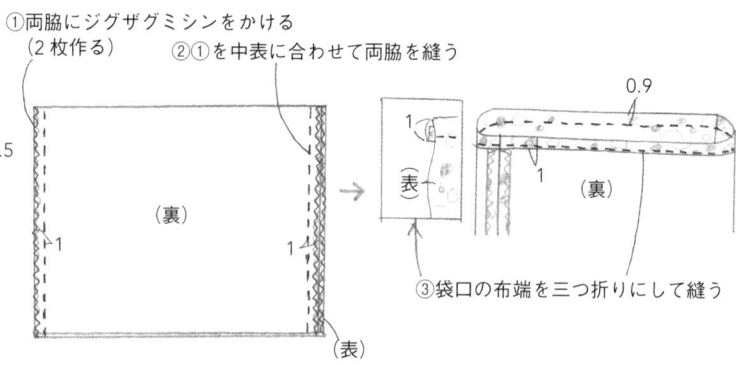

①両脇にジグザグミシンをかける
（2枚作る）
②①を中表に合わせて両脇を縫う
1
（裏）
1
（表）
0.9
1
1
（裏）
（表）
③袋口の布端を三つ折りにして縫う

## 3　袋を作り、仕上げる

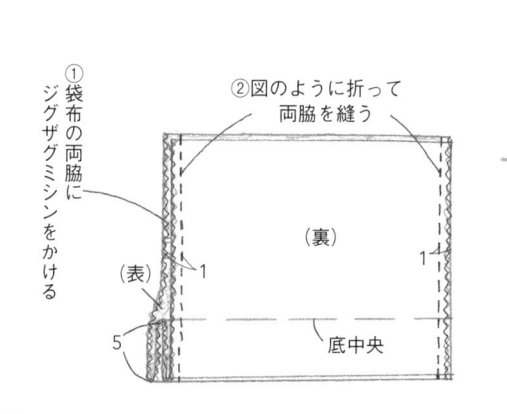

①袋布の両脇にジグザグミシンをかける
②図のように折って両脇を縫う
（裏）
（表）
1
1
5
底中央

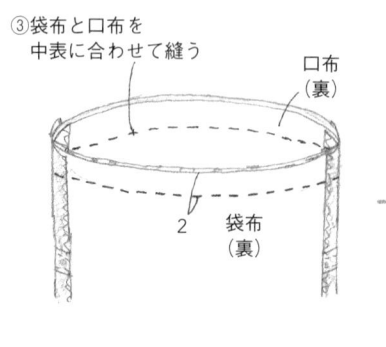

③袋布と口布を
中表に合わせて縫う
口布
（裏）
2
袋布
（裏）

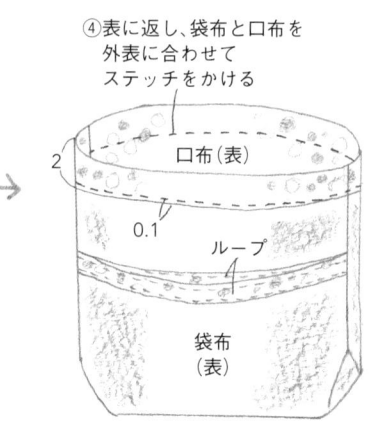

④表に返し、袋布と口布を
外表に合わせて
ステッチをかける
口布（表）
2
0.1
ループ
袋布
（表）

# ペットボトルケース *page7*

〈出来上り寸法〉 縦23×横12×まち幅6cm

〈材料〉布はカットクロス → page2

Mサイズ（50×25cm ／綿オックスチェック）を1枚
　表袋布 A 用
Mサイズ（50×25cm ／綿11号帆布）を1枚
　表袋布 B 用
Lサイズ（70×50cm ／綿シーチング水玉）を1枚
　裏袋布用
ロープ　太さ0.4cmを50cm
コードストッパー（2つ穴）　ひも通し穴の直径0.4cmを1個

単位は cm　すべて裁切り

〈裁ち方図〉

表袋布　Mサイズ〈綿オックスチェック〉
裏袋布　Lサイズ〈綿シーチング水玉〉

A 21　わ　26　26　わ
3　2　3　3　26

Mサイズ〈綿11号帆布〉
B 11　わ　3　2　3　3　26

## 1 表袋を作る

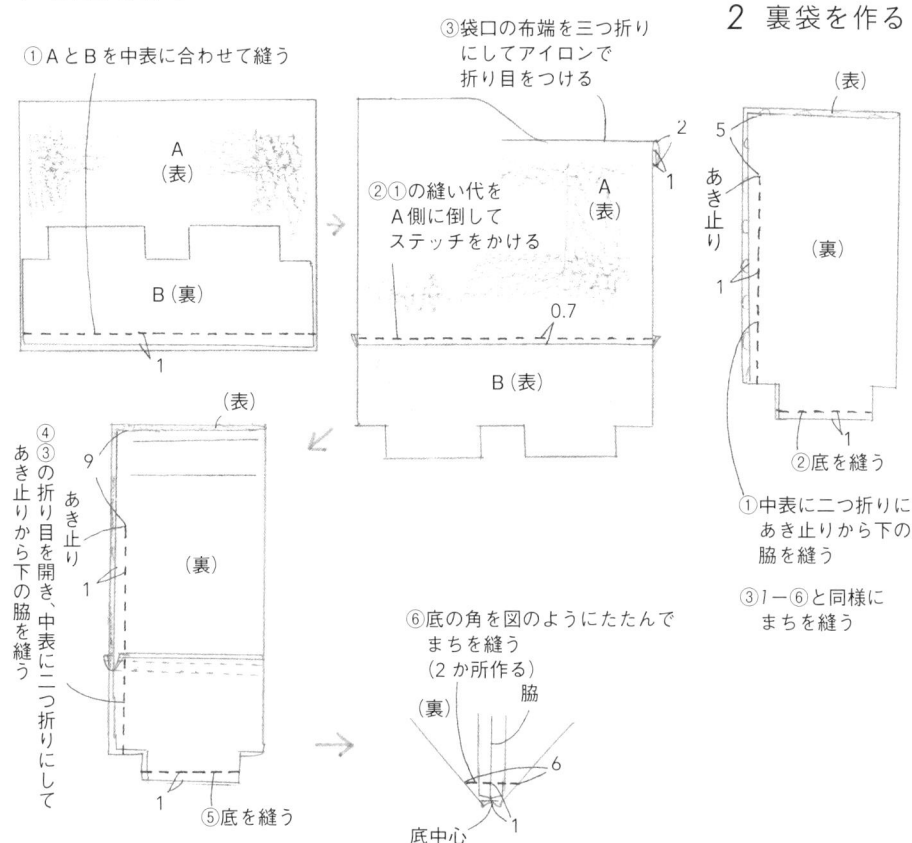

①AとBを中表に合わせて縫う

A（表）
B（裏）
1

③袋口の布端を三つ折りにしてアイロンで折り目をつける

②①の縫い代をA側に倒してステッチをかける

A（表）
2
1
0.7
B（表）

（表）
④③の折り目を開き、中表に二つ折りにして
あき止りから下の脇を縫う
9
あき止り
1
（裏）
1
⑤底を縫う

⑥底の角を図のようにたたんでまちを縫う（2か所作る）
（裏）
脇
6
底中心
1

## 2 裏袋を作る

（表）
5
あき止り
1
（裏）
1
②底を縫う

①中表に二つ折りにしてあき止りから下の脇を縫う

③1—⑥と同様にまちを縫う

## 3 仕上げる

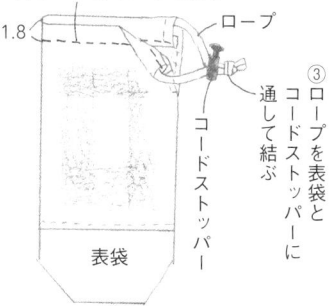

裏袋（表）
0.7
4.5
0.2
表袋（表）
あき止り

①表袋と裏袋を外表に合わせてあきにステッチをかける

②表袋の袋口の布端を再び三つ折りにして縫う

1.8
ロープ
コードストッパー
表袋

③ロープを表袋とコードストッパーに通して結ぶ

# バニティポーチ　*page8*

〈出来上り寸法〉　縦14×横14×まち幅9cm

〈材料〉布はカットクロス → page2
Mサイズ（50×25cm／綿水玉）を1枚
　表袋布用
Mサイズ（50×25cm／綿花柄）を1枚
　表ふた天面布・表ファスナー布・パイピング布用〔decollections〕

Mサイズ（50×25cm／綿無地）を1枚
　表ふた側面布用
Sサイズ（20×20cm／綿ストライプ・向きに注意）を1枚
　持ち手用
Lサイズ（70×50cm／綿）を1枚　裏布用
接着キルト芯　50×35cm
フラットニットファスナー　長さ40cmを1本

単位は cm　縫い代は指定以外0.7cmつける

〈裁ち方図〉

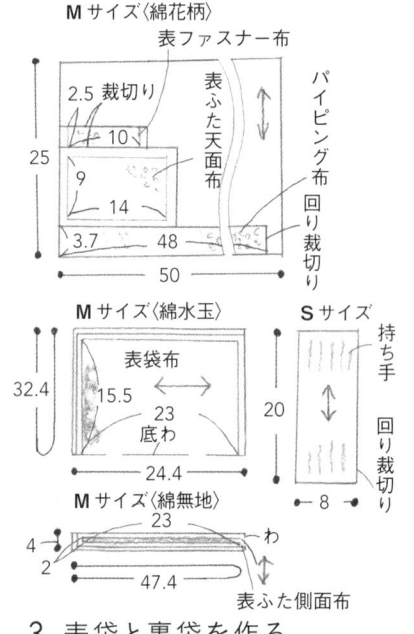

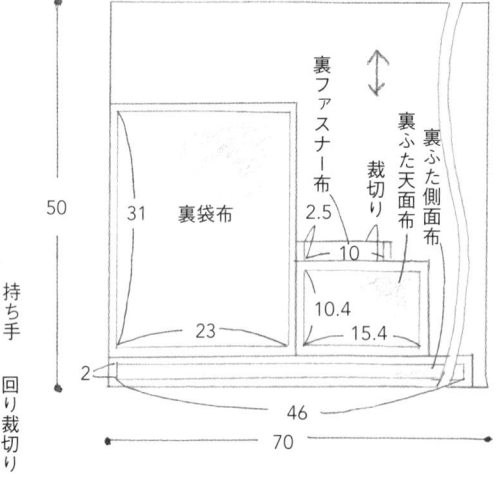

## 1　持ち手を作る

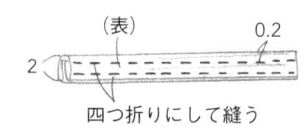

四つ折りにして縫う

## 2　ファスナー布をつける

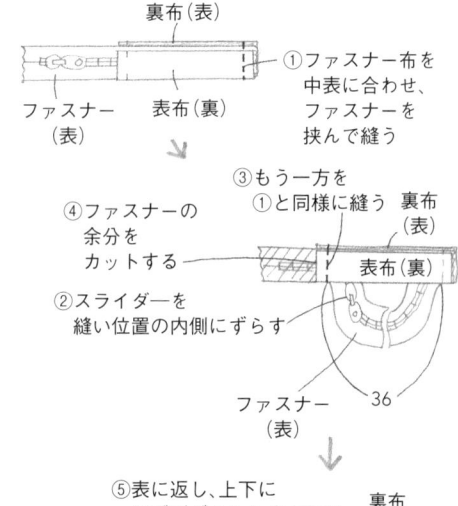

①ファスナー布を中表に合わせ、ファスナーを挟んで縫う
③もう一方を①と同様に縫う
④ファスナーの余分をカットする
②スライダーを縫い位置の内側にずらす
⑤表に返し、上下にジグザグミシンをかける

## 3　表袋と裏袋を作る

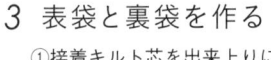

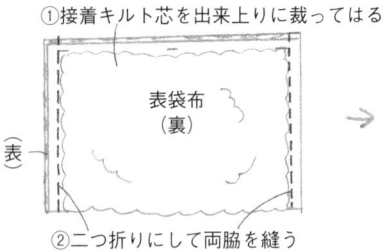

①接着キルト芯を出来上りに裁ってはる
②二つ折りにして両脇を縫う

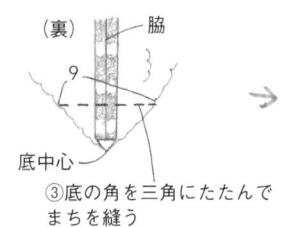

③底の角を三角にたたんでまちを縫う

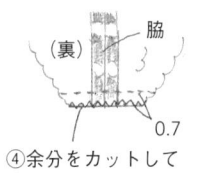

④余分をカットしてジグザグミシンをかける（裏袋は②〜④と同様に作る）

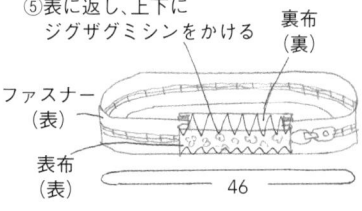

# 4 ファスナーをつける

①接着キルト芯を出来上りに裁ってはる

②二つ折りにして脇を縫う

表ふた側面布(裏)　(表)

③ふた側面布を中表に合わせ、
ファスナーを挟んで縫う

ファスナー(表)　裏ふた側面布(裏)　表ファスナー布

表ふた側面布(裏)

④表に返して
ステッチをかける　裏ふた側面布(表)

表ふた側面布(表)

ファスナー(表)　★　0.2　表ファスナー布

⑤表袋と裏袋を中表に合わせ、
④を挟んで縫う

ファスナー(表)　表ファスナー布　裏袋(裏)

★　返し口8

表袋(裏)

⑥表に返して
ステッチをかける　裏ふた側面布(表)

表ふた側面布

ファスナー(表)　0.2　表袋(表)

表ファスナー布

# 5 ふた天面布をつけ、仕上げる

①表ふた天面布に接着キルト芯を出来上りに裁ってはる

③表布と裏布を外表に合わせ、
ジグザグミシンをかける

裏ふた天面布(裏)　持ち手　表ふた天面布(表)

②持ち手を仮どめする

④表ふた天面布と表ふた側面布を
中表に合わせて縫う。一辺を縫ったら
側面布の角にくる縫い代に切込みを入れ、
次の辺を縫う(page43　4-⑤参照)

裏ふた天面布

裏ふた側面布(表)

裏袋布(表)

表袋布(表)

⑤角をカットする

裏ふた側面布

⑥page 50 の
2-②③と同様に
パイピングをする

0.9　(表)　0.7

パイピング布(表)　裏ふた天面布　0.1　裏ふた側面布

⑦ふたを表に返し、
形を整える

表ふた天面布

表袋

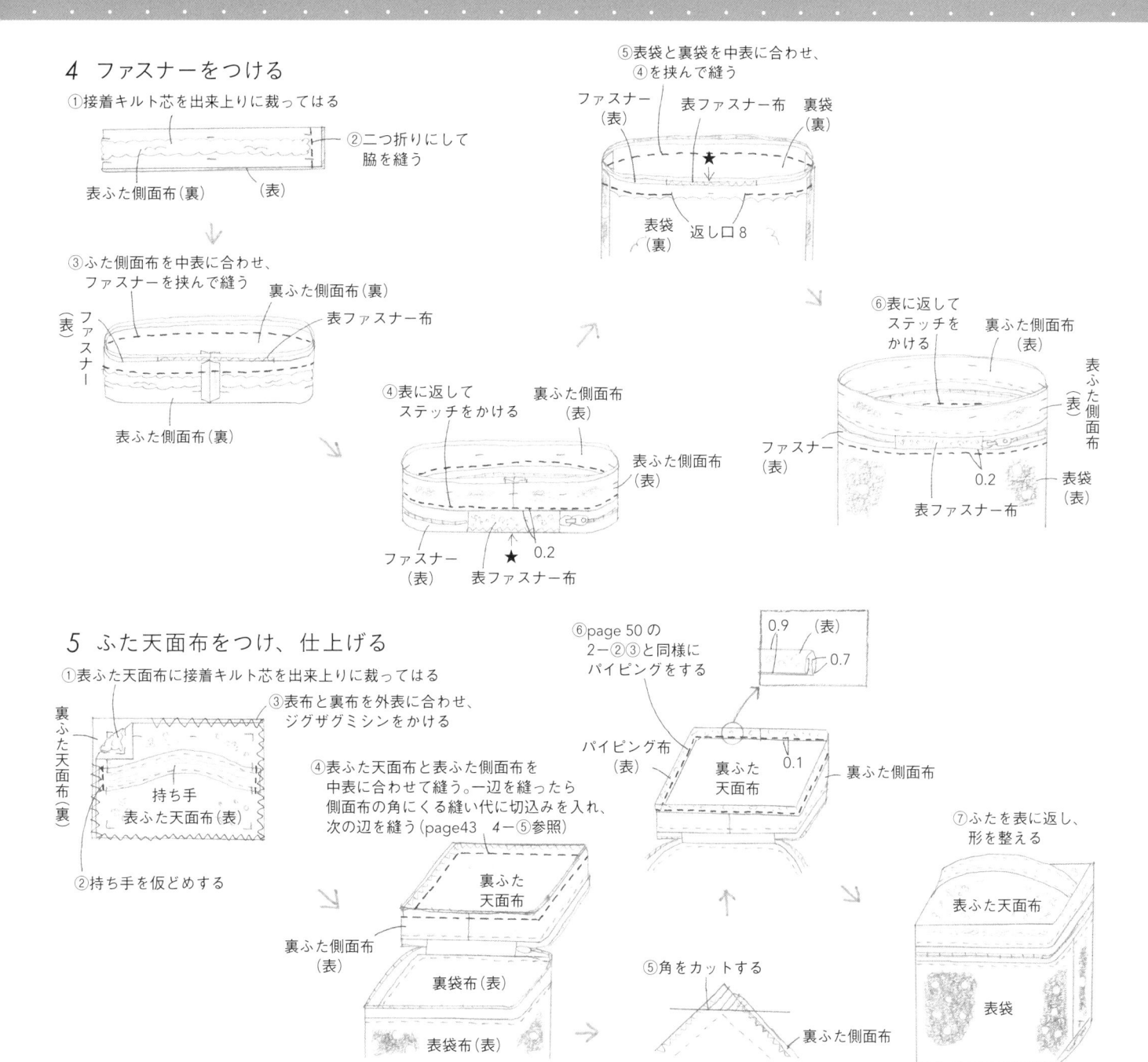

# テトラポーチ　　page9

〈出来上り寸法〉　一辺の長さ15cm

〈材料〉布はカットクロス → page2
Sサイズ（20×20cm ／綿ストライプ）を1枚
　表袋布A用
Lサイズ（70×50cm ／綿プリント）〔decollections〕を1枚
　表袋布B〜E用
Sサイズ（20×20cm ／綿ギンガムチェック）を1枚
　持ち手・パイピング布用
Lサイズ（70×50cm ／綿無地）を1枚
　裏袋布用
接着キルト芯　50×30cm
フラットニットファスナー　長さ20cmを1本

単位は cm　縫い代は指定以外0.7cmつける

〈裁ち方図〉
実物大型紙は page83

Sサイズ〈綿ストライプ〉

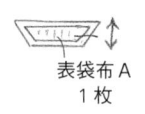
表袋布A
1枚

Sサイズ〈綿ギンガムチェック〉

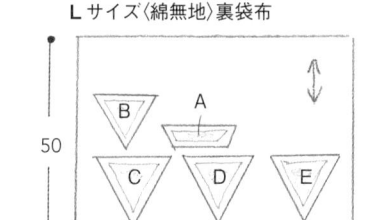
持ち手　回り裁切り
20　　16　　　4
　　　　　　　3.4
　　　　18
　　　20　　回り裁切り
パイピング布

Lサイズ〈綿プリント〉表袋布

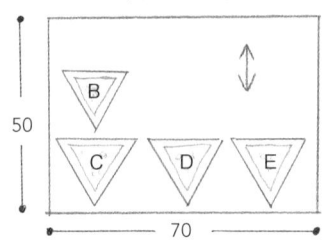
50
70
（B、C、D、E）

Lサイズ〈綿無地〉裏袋布

50
70
（B、A、C、D、E）

## 1　接着キルト芯をはる

すべての表袋布の裏に
接着キルト芯を出来上りに裁ってはる

## 2　持ち手を作る

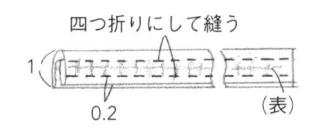
四つ折りにして縫う
1
0.2
（表）

## 3　ファスナーをつける

ファスナー
（表）
①表袋布Aと裏袋布Aを中表に合わせ、
　ファスナーを挟んで縫う

裏袋布A（表）　　表袋布A（裏）

②表に返してステッチをかける
表袋布A（表）　　1
裏袋布A（裏）
ファスナー（表）　　　　0.2
③袋布Bにファスナーを
①②と同様につける
表袋布B（表）
裏袋布B（裏）

## 4　袋を作り、仕上げる

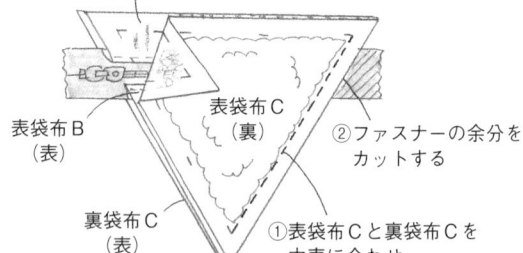
表袋布A（表）
表袋布B（表）
表袋布C（裏）
裏袋布C（表）
②ファスナーの余分を
カットする
①表袋布Cと裏袋布Cを
中表に合わせ、
袋布A・Bを挟んで縫う
（両端の縫い代は縫わない）

③ファスナーを
開ける
④表袋布Dと裏袋布Dを
①と同様に縫い、
ファスナーの余分をカットする

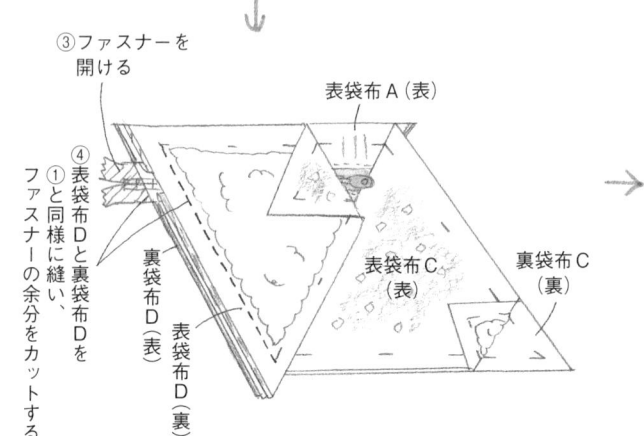
表袋布A（表）
表袋布C（表）
裏袋布C（裏）
裏袋布D（表）
表袋布D（裏）

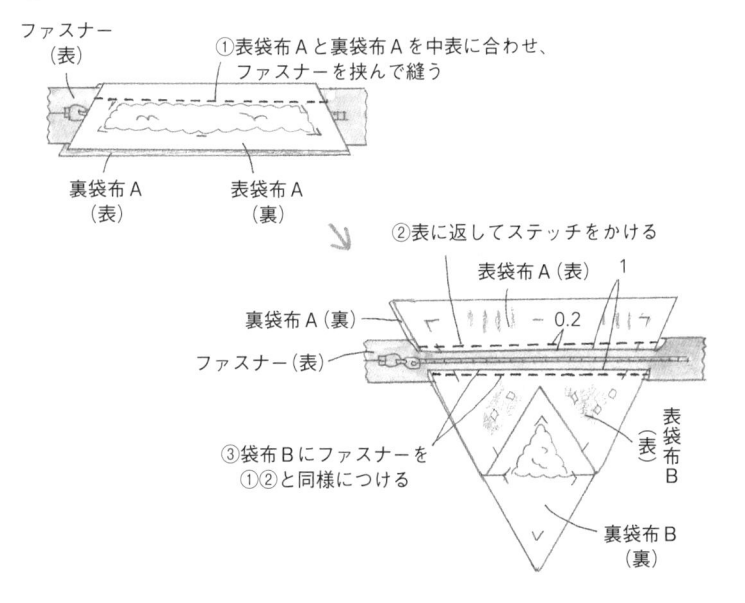

# リネンストール　*page27*

〈出来上り寸法〉（洗う前）縦191.2×横32.2cm

〈材料〉布はカットクロス → page2
　Lサイズ（70×50cm ／麻ガーゼチェック）を1枚
　　本体A・B・C用
　Lサイズ（70×50cm ／麻ガーゼ無地）を1枚
　　本体D・E用

単位は cm　すべて裁切り

**〈裁ち方図〉**

Lサイズ〈麻ガーゼチェック〉

C　A　B
50　35　25　35
70

Lサイズ〈麻ガーゼ無地〉

D　E
50　35　35
70

## 1 本体を作る

①AとDを
　中表に合わせて縫う
1.5　0.7

A（裏）
D（表）

D（裏）
A（裏）

②①の縫い代を倒し、
Dの縫い代で
Aの縫い代を
くるんで縫う

0.8
D（裏）
A（裏）　0.1

③各パーツを①と②と同様に縫う

B（裏）
E（裏）
C（裏）
D（裏）
A（裏）

★　12　★
④三つ折りにして縫止め（★）の間を縫う
0.6
（裏）
★　★

（裏）
0.7　0.7

③隣どうしを合わせ、左方向にねじる
④先をひと結びする

## 2 両端にフリンジを作る

★　（表）
①目打ちを使い、縫止めまでよこ糸を1本ずつほどく

（表）
（表）

②たて糸をチェック柄半ます分（両端は1ます分、色が混ざらないようにする）つまみ、右方向にねじる

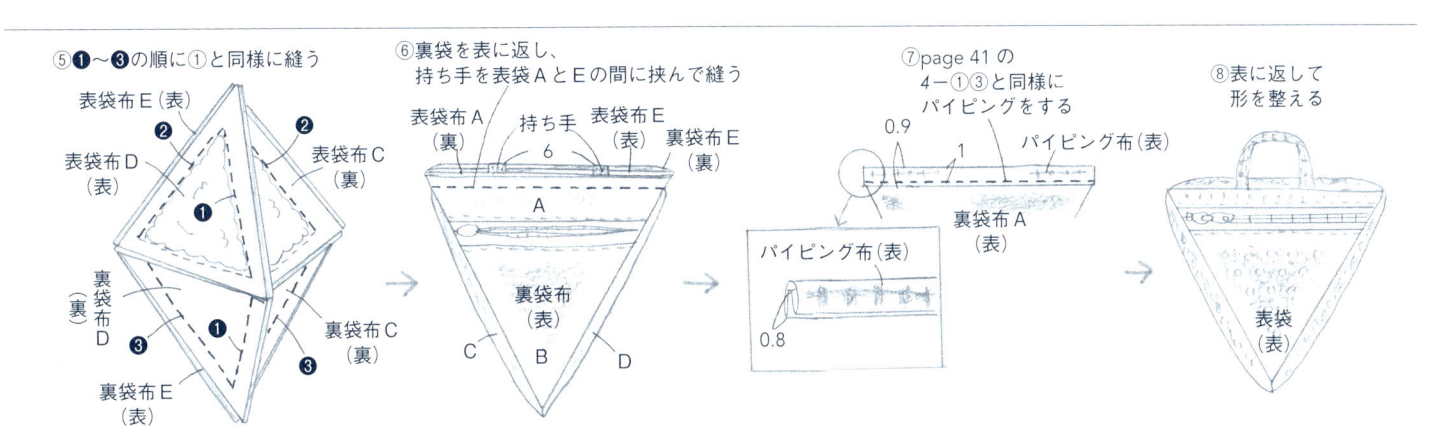

⑤❶〜❸の順に①と同様に縫う

表袋布E（表）
表袋布D（表）
裏袋布D（裏）
裏袋布E（表）
表袋布C（裏）
裏袋布C（裏）

⑥裏袋を表に返し、
持ち手を表袋AとEの間に挟んで縫う

表袋布A（裏）
持ち手　6
表袋布E（表）
裏袋布E（裏）
A
裏袋布（表）
C　B　D

⑦page 41 の
4−①③と同様にパイピングをする

0.9　1
パイピング布（表）
裏袋布A（表）

パイピング布（表）
0.8

⑧表に返して
形を整える

表袋（表）

# リバーシブルベレー *page10*

**〈出来上り寸法〉** 頭回り約59cm

**〈材料〉** 布はカットクロス → page2
Mサイズ（50×25cm／麻ストライプ）を2枚
　クラウンA用
Mサイズ（50×25cm／綿プリント）を2枚
　クラウンB用
両折りバイアステープ　幅2.4cmを61cm

単位は cm　縫い代は0.8cmつける

**〈裁ち方図〉**

Mサイズ〈麻ストライプ〉

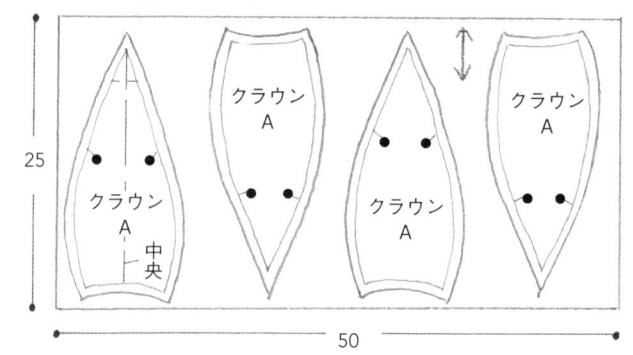

クラウンAをMサイズ〈綿プリント〉ともう1枚のMサイズ〈麻ストライプ〉
から同様に4枚ずつ裁つ
クラウンBを同様に計8枚裁つ

## 1　クラウンを作る

## 2　仕上げる

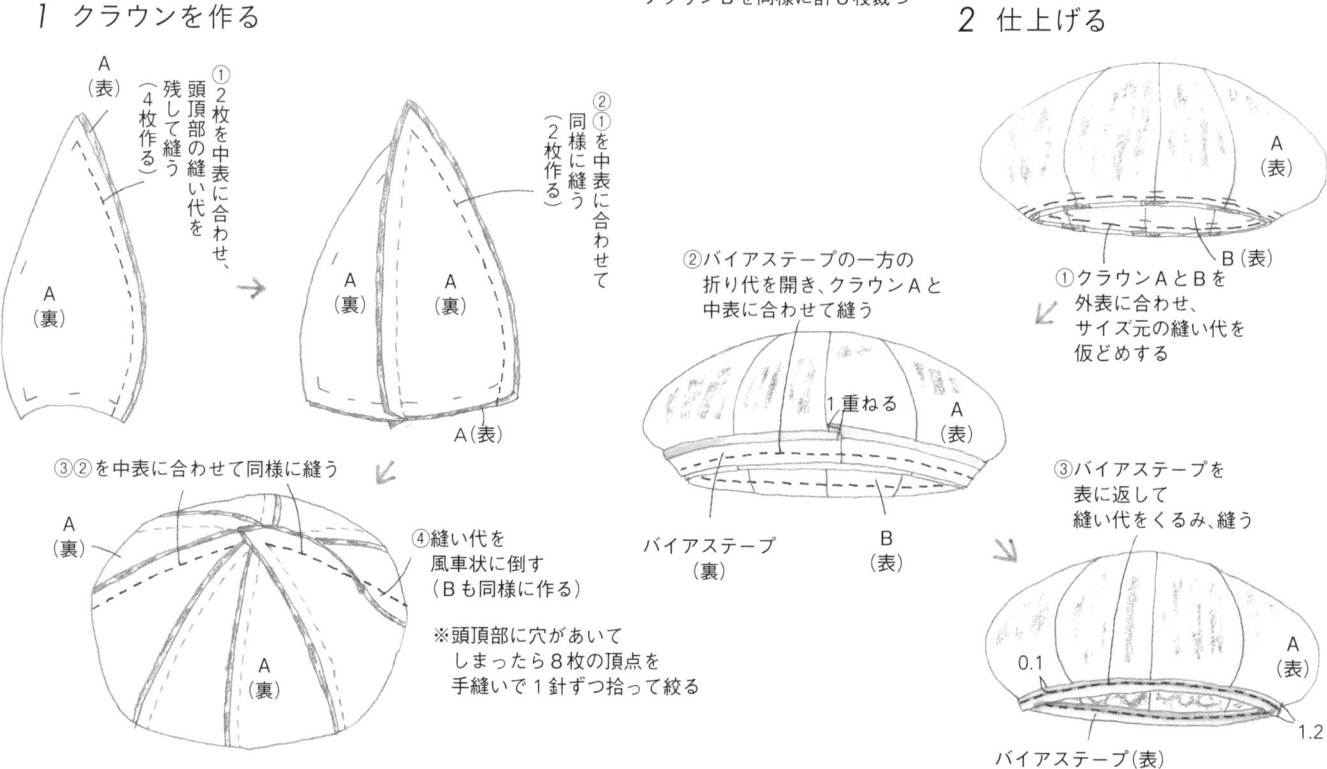

①2枚を中表に合わせ、頭頂部の縫い代を残して縫う（4枚作る）

②①を中表に合わせて同様に縫う（2枚作る）

③②を中表に合わせて同様に縫う

④縫い代を風車状に倒す（Bも同様に作る）

※頭頂部に穴があいてしまったら8枚の頂点を手縫いで1針ずつ拾って絞る

②バイアステープの一方の折り代を開き、クラウンAと中表に合わせて縫う

1重ねる

バイアステープ（裏）

B（表）

①クラウンAとBを外表に合わせ、サイズ元の縫い代を仮どめする

③バイアステープを表に返して縫い代をくるみ、縫う

0.1

1.2

バイアステープ（表）

# リバーシブルグラニーバッグ　*page11*

**〈出来上り寸法〉** 縦34×横48cm

**〈材料〉** 布はカットクロス → page2
Lサイズ（70×50cm ／綿プリント）を1枚　表袋布A面用
Lサイズ（70×50cm ／麻無地）を1枚　裏袋布B面用
プラ楕円持ち手（幅15.5×高さ10.5cm）を1組み
〔D4・チョコ／角田商店〕

単位は cm　すべて裁切り
**〈裁ち方図〉**
**Lサイズ**
A面・B面各1枚

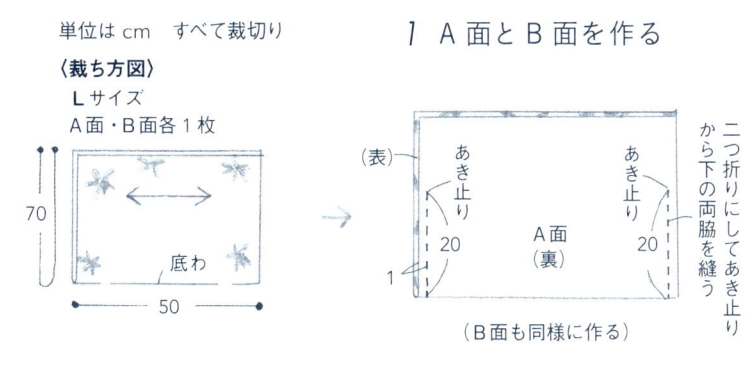

## 1　A面とB面を作る

（B面も同様に作る）

## 2　仕上げる

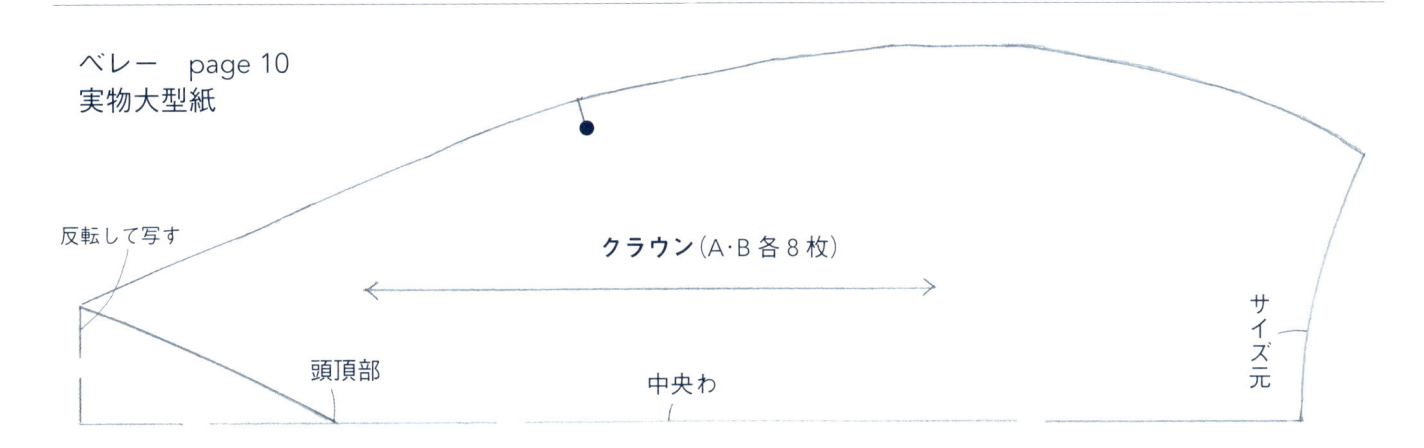

①A面とB面を中表に合わせ、一方の袋口を縫う

②持ち手を通し、もう一方の袋口を縫う

③表に返してあきの布端を折り、ステッチをかける（4か所作る）

④形を整え、あきを縫う

⑤持ち手の下を縫う

---

# ベレー　page 10
## 実物大型紙

反転して写す

**クラウン**（A・B各8枚）

頭頂部

中央わ

サイズ元

# 水玉トラベルセット　*page12*

**〈出来上り寸法〉** スリッパ　縦27.5×横（最大）11cm　マスク　縦14.5×横20cm　アイマスク　縦7.5×横18.5cm

　　　　　　　　巾着　大（スリッパ用）縦31×横16cm　小（マスク用）縦18×横12cm

**〈材料〉** 布はカットクロス → page2

Lサイズ（70×50cm／綿ダブルガーゼ水玉）を1枚
　スリッパ甲表布・内底・アイマスク表布・バンド・巾着表袋布用
Mサイズ（50×25cm／綿ダブルガーゼ水玉）を1枚
　マスク表布用
Lサイズ（70×50cm／麻無地）を1枚
　スリッパ甲裏布・巾着ひも・バイアス布用
Lサイズ（70×50cm／綿ダブルガーゼ無地）を1枚
　マスク裏布・アイマスク裏布・巾着裏袋布用

厚さ2mmのフェルト（スリッパ外底用）　30×25cm
接着ドミット芯　45×40cm
ゴムテープ（アイマスク用）1.5cm幅を40cm
丸ゴム（マスク用）　太さ0.2cmを72cm

単位は cm　☆＝縫い代0.5cmをつける　指定以外は裁切り

**〈裁ち方図〉** 実物大型紙 page55

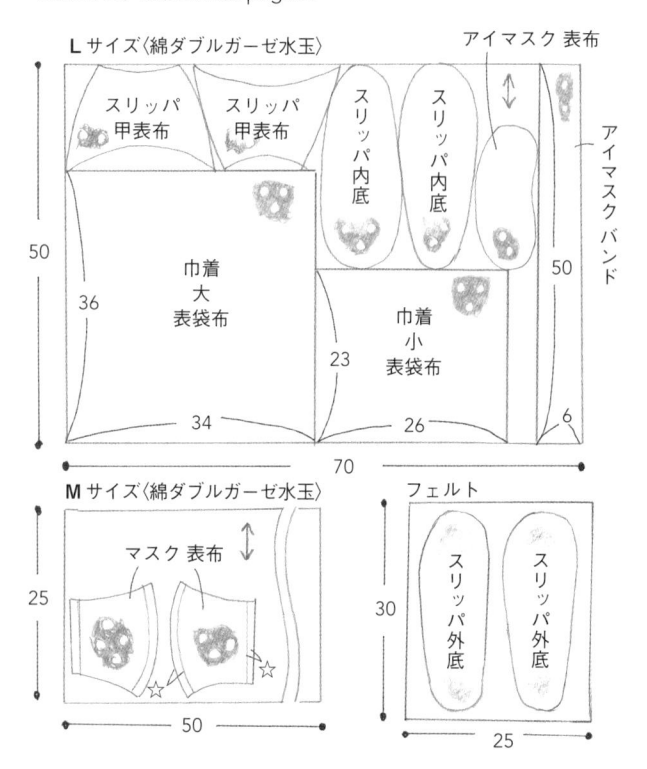

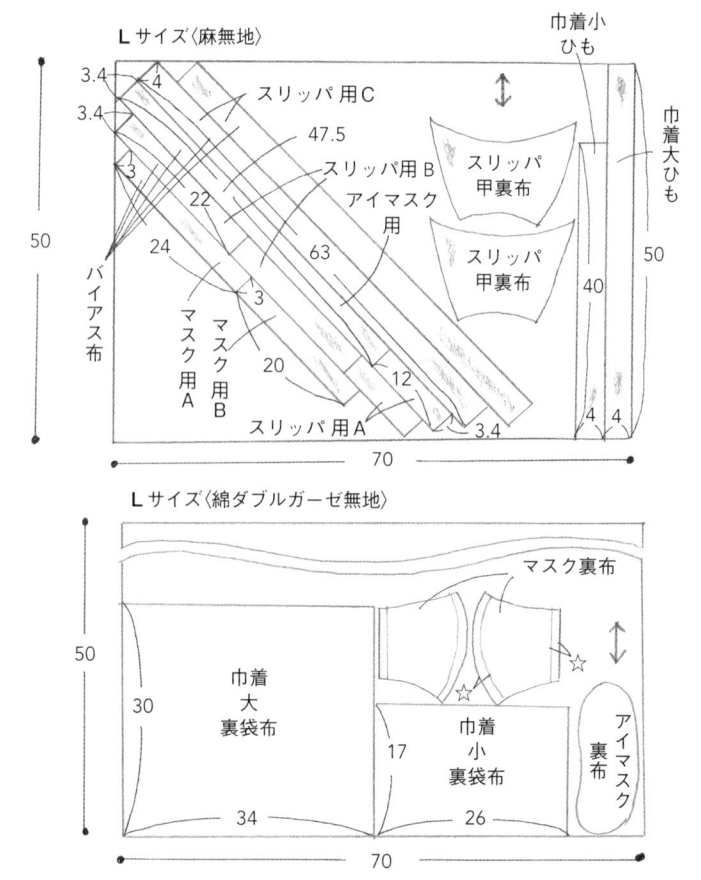

52

# マスク

## 1 本体を作る

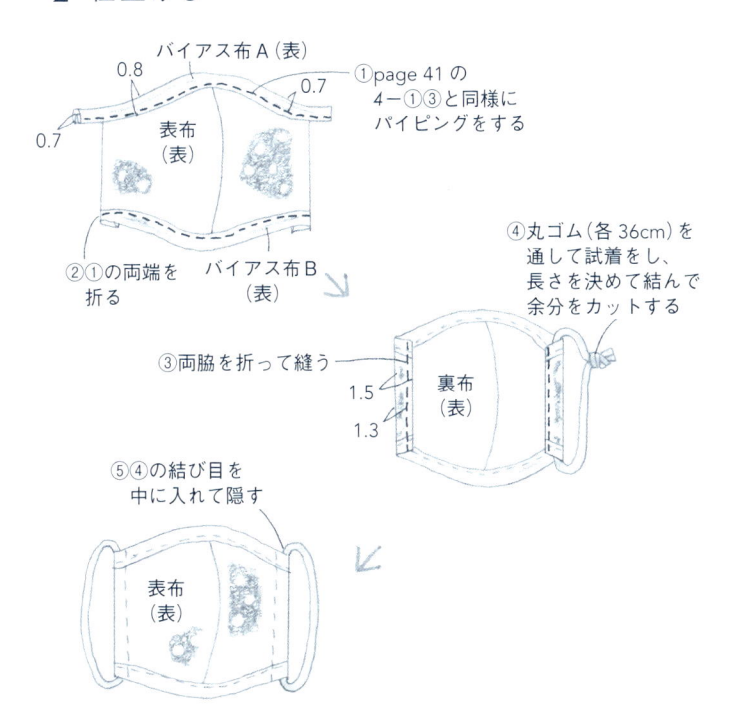

（表）
表布（裏）

①表布を中表に合わせて中心を縫う（裏布も同様に作る）

表布（表）
裏布（裏）

②表布と裏布を中表に合わせて両脇を縫う

裏布（裏）
表布（表）

0.5

③表に返して上下を仮どめする

## 2 仕上げる

バイアス布A（表）
0.8　0.7
0.7
表布（表）

①page 41 の 4-①③と同様に パイピングをする

②①の両端を折る

バイアス布B（表）

③両脇を折って縫う
1.5
1.3
裏布（表）

④丸ゴム（各 36cm）を通して試着をし、長さを決めて結んで余分をカットする

⑤④の結び目を中に入れて隠す

表布（表）

# アイマスク

## 1 バンドを作る

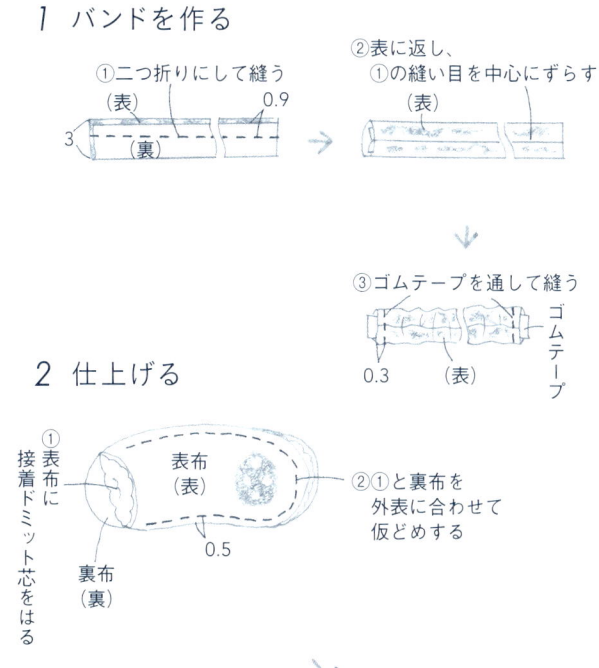

①二つ折りにして縫う
（表）　0.9
3　（裏）

②表に返し、①の縫い目を中心にずらす
（表）

③ゴムテープを通して縫う
0.3　（表）　ゴムテープ

## 2 仕上げる

①表布に接着ドミット芯をはる
表布（表）
裏布（裏）

②①と裏布を外表に合わせて仮どめする
0.5

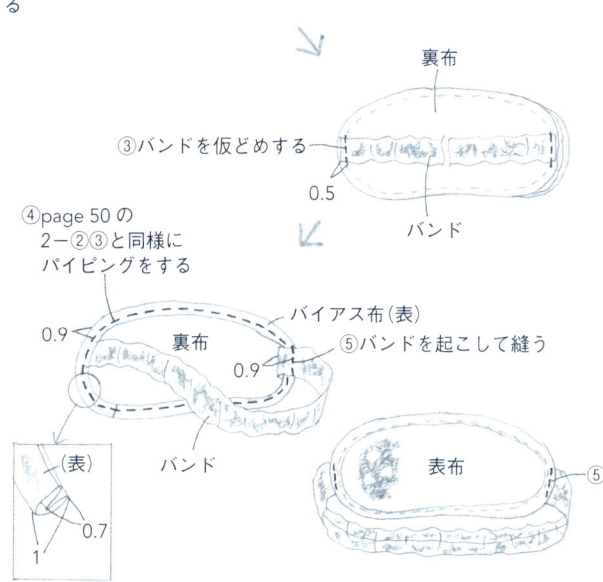

裏布

③バンドを仮どめする
0.5
バンド

④page 50 の 2-②③と同様に パイピングをする

0.9
裏布
バイアス布（表）
0.9

⑤バンドを起こして縫う

（表）
0.7
1

バンド

表布
⑤

# スリッパ

## 1 甲を作る

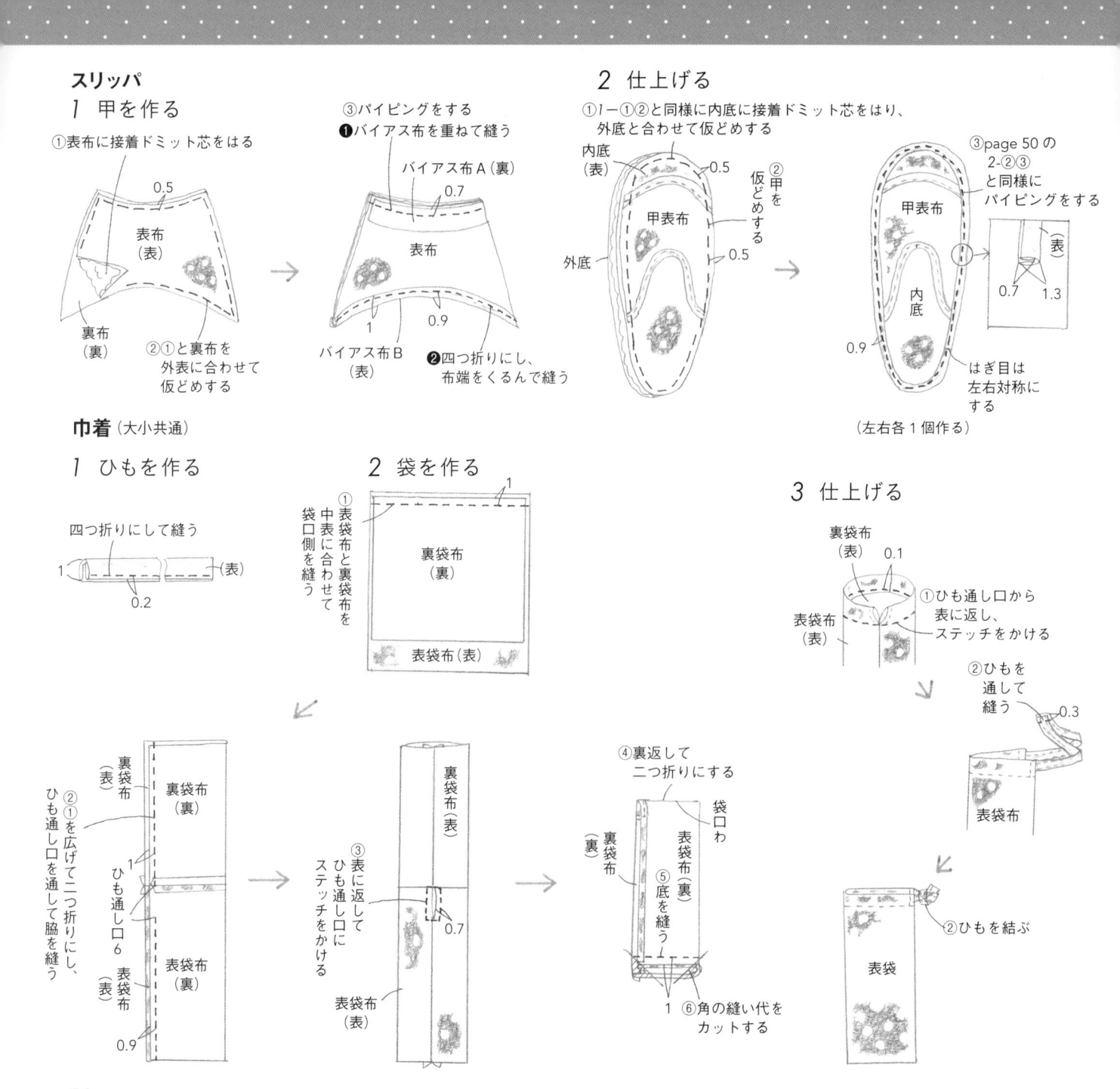

①表布に接着ドミット芯をはる

0.5

表布（表）

裏布（裏）

②①と裏布を外表に合わせて仮どめする

③パイピングをする

❶バイアス布を重ねて縫う

バイアス布A（裏）

0.7

表布

1　0.9

バイアス布B（表）

❷四つ折りにし、布端をくるんで縫う

## 2 仕上げる

①1−①②と同様に内底に接着ドミット芯をはり、外底と合わせて仮どめする

内底（表）　0.5

甲表布

外底　0.5

②甲を仮どめする

③page 50 の 2-②③と同様にパイピングをする

甲表布

内底

0.9

（表）

0.7　1.3

はぎ目は左右対称にする

（左右各1個作る）

# 巾着（大小共通）

## 1 ひもを作る

四つ折りにして縫う

1

0.2

（表）

## 2 袋を作る

1

①表袋布と裏袋布を中表に合わせて袋口側を縫う

裏袋布（裏）

表袋布（表）

②①を広げて二つ折りにし、ひも通し口を通して脇を縫う

裏袋布（表）

裏袋布（裏）

1

ひも通し口 6

表袋布（表）

表袋布（裏）

0.9

③表に返してひも通し口にステッチをかける

裏袋布（表）

0.7

表袋布（表）

④裏返して二つ折りにする

袋口わ

裏袋布（裏）

表袋布（裏）

⑤底を縫う

1　⑥角の縫い代をカットする

## 3 仕上げる

裏袋布（表）　0.1

①ひも通し口から表に返し、ステッチをかける

表袋布（表）

②ひもを通して縫う

0.3

表袋布

②ひもを結ぶ

表袋

実物大型紙

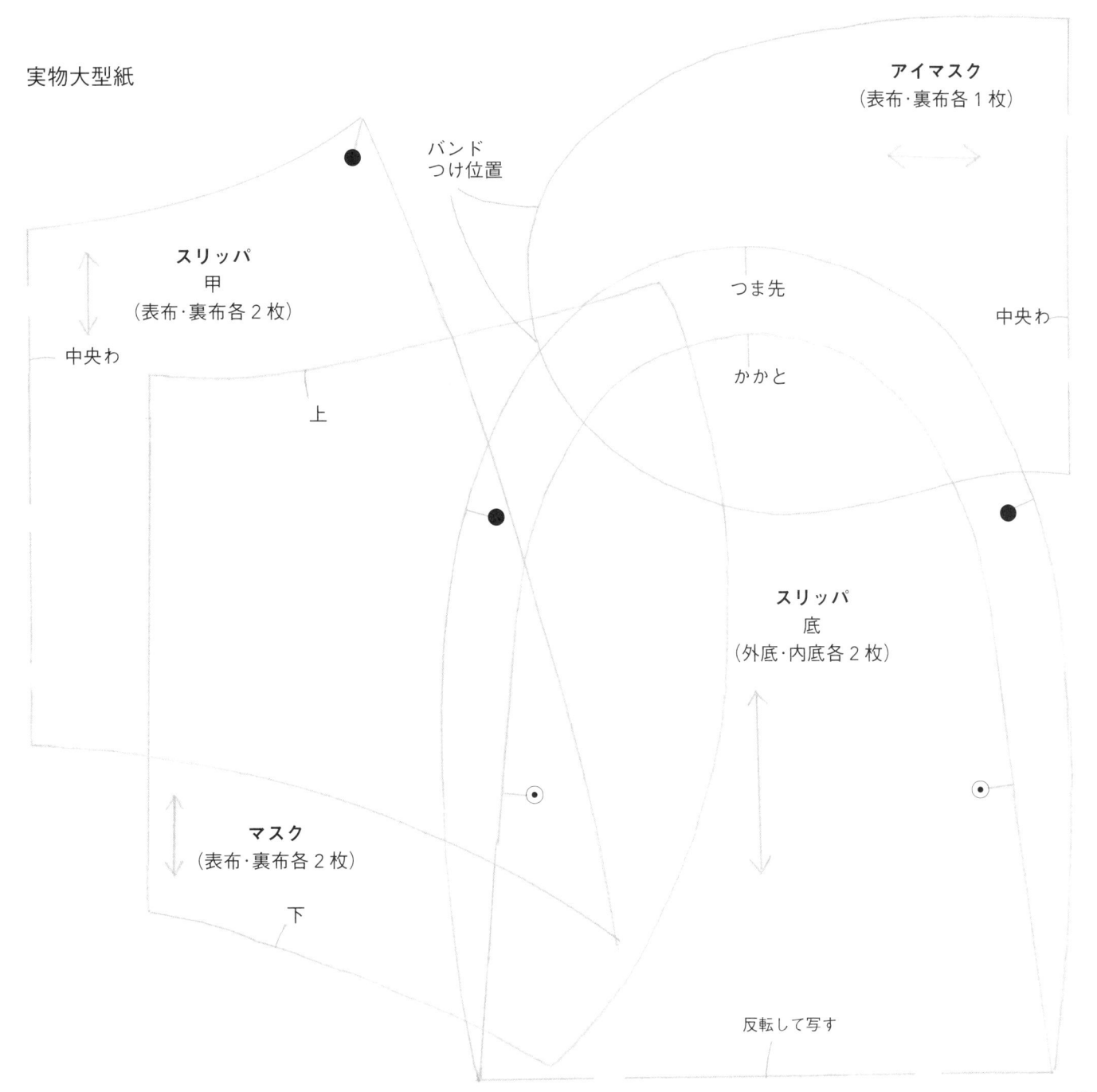

**アイマスク**
（表布・裏布各1枚）

バンド
つけ位置

**スリッパ**
甲
（表布・裏布各2枚）

中央わ

上

つま先

かかと

中央わ

**スリッパ**
底
（外底・内底各2枚）

**マスク**
（表布・裏布各2枚）

下

反転して写す

# リネンボーダーのサコッシュ *page15*

〈出来上り寸法〉 縦34×横33.5cm

〈材料〉布はカットクロス → page2
Lサイズ (50×70cm ／麻ストライプ・向きに注意) を1枚
両面接着芯　60×5cm

単位は cm　すべて裁切り

〈裁ち方図〉

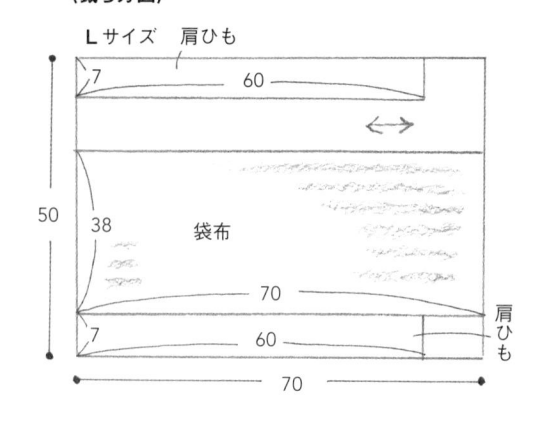

## 1 肩ひもを作る

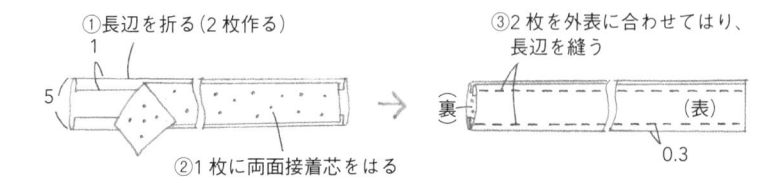

①長辺を折る (2枚作る)

②1枚に両面接着芯をはる

③2枚を外表に合わせてはり、
長辺を縫う

## 2 袋を作る

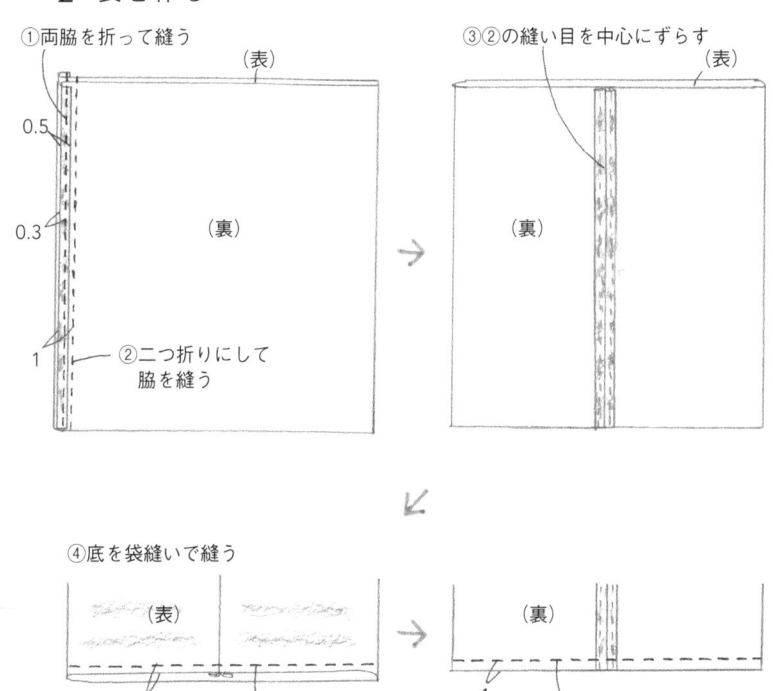

①両脇を折って縫う

②二つ折りにして
脇を縫う

③②の縫い目を中心にずらす

④底を袋縫いで縫う

❶表に返して底を縫う

❷裏返して底を縫う

## 3 仕上げる

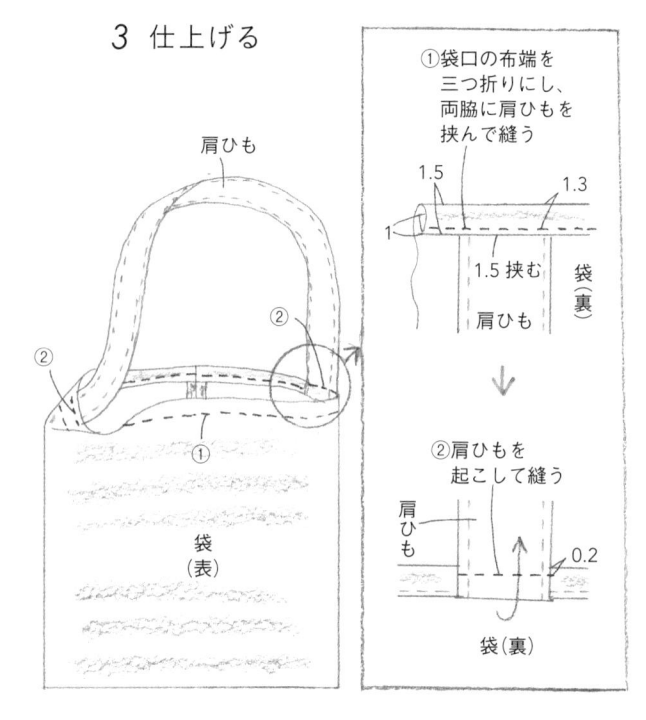

肩ひも

①袋口の布端を
三つ折りにし、
両脇に肩ひもを
挟んで縫う

1.5 挟む

②肩ひもを
起こして縫う

# フラット巾着ポーチ　*page24*

〈出来上り寸法〉　（口布を絞ったとき）スクエア　縦約8×底の大きさ10×10cm　ラウンド　縦約8×底の直径13cm

〈材料〉1点分／布はカットクロス → page2

Mサイズ（50×25cm ／スクエア 綿ギンガムチェック、ラウンド 麻無地）　　Mサイズ（50×25cm ／スクエア 麻無地、ラウンド 綿花柄）を1枚
　を1枚　袋布用〔CHECK&STRIPE〕　　　　　　　　　　　　　　　　　　　　口布用

　　　　　　　　　　　　　　　　　　　　　　　　　　　　　　　　　　　テープ　幅0.7cmを スクエア 2.2m、ラウンド 2m

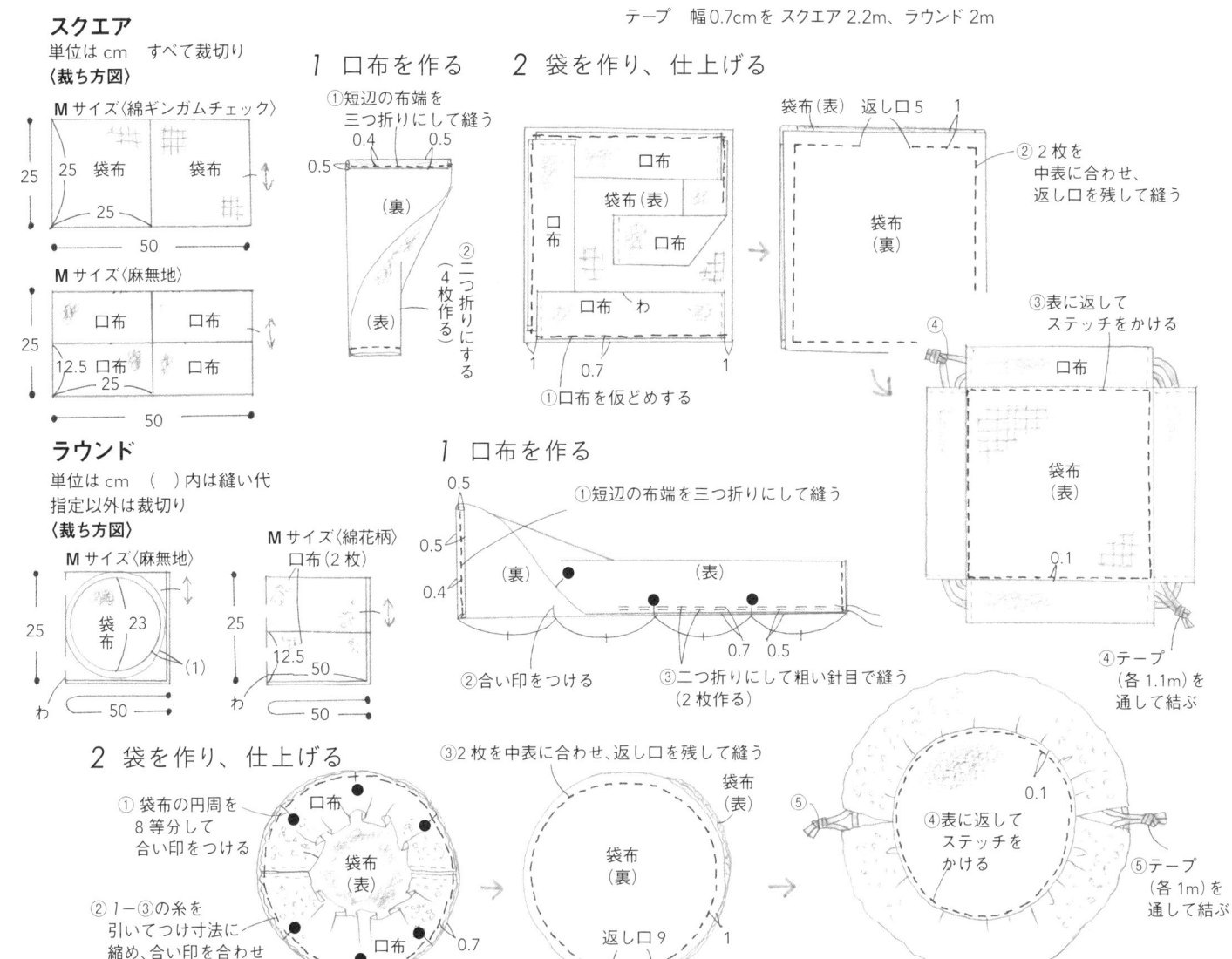

## スクエア

単位は cm　すべて裁切り

〈裁ち方図〉

Mサイズ〈綿ギンガムチェック〉

Mサイズ〈麻無地〉

## ラウンド

単位は cm　（　）内は縫い代

指定以外は裁切り

〈裁ち方図〉

Mサイズ〈麻無地〉　　Mサイズ〈綿花柄〉口布（2枚）

## 1 口布を作る

①短辺の布端を三つ折りにして縫う

②二つ折りにする（4枚作る）

## 2 袋を作り、仕上げる

①口布を仮どめする

②2枚を中表に合わせ、返し口を残して縫う

③表に返してステッチをかける

④テープ（各1.1m）を通して結ぶ

## 1 口布を作る

①短辺の布端を三つ折りにして縫う

②合い印をつける

③二つ折りにして粗い針目で縫う（2枚作る）

## 2 袋を作り、仕上げる

① 袋布の円周を8等分して合い印をつける

② 1—③の糸を引いてつけ寸法に縮め、合い印を合わせ仮どめする

③2枚を中表に合わせ、返し口を残して縫う

④表に返してステッチをかける

⑤テープ（各1m）を通して結ぶ

# タブレットケース＆スマホケース　page16

〈出来上り寸法〉　タブレットケース　縦28×横23cm　スマホケース　縦18×横12cm

〈材料〉1点分／布はカットクロス → page2

**タブレットケース**

Lサイズ（70×50cm／綿ストライプ）を1枚
　パッチワーク布A・後ろ面用
Mサイズ（50×25cm／綿水玉）を1枚
　パッチワーク布B・持ち手用
Sサイズ（20×20cm／綿花柄）を1枚
　パッチワーク布C用〔decollections〕
Mサイズ（50×25cm／綿ギンガムチェック）を1枚
　パッチワーク布D・ペン袋用
Mサイズ（50×25cm／綿無地）を1枚
　口布用
Lサイズ（70×50cm／綿水玉）を1枚
　裏袋布・タブ用
接着キルト芯　48.8×29.4cm
フラットニットファスナー　長さ30cmを1本
Dカン　内径1.5cmを2個
ナスカン　内径1.5cmを2個

**スマホケース**

Sサイズ（20×20cm／綿水玉）を1枚
　パッチワーク布A・後ろ面用
Mサイズ（25×50cm／綿ストライプ・向きに注意）を1枚
　パッチワーク布B・持ち手用
Sサイズ（20×20cm／綿ギンガムチェック）を1枚
　パッチワーク布C用
Sサイズ（20×20cm／綿ギンガムチェック）を1枚
　パッチワーク布D用
Sサイズ（20×20cm／綿花柄）を1枚
　口布用〔decollections〕
Mサイズ（50×25cm／綿水玉）を1枚
　裏袋布・タブ用
接着キルト芯　26.8×19.4cm
フラットニットファスナー　長さ20cmを1本
Dカン　内径1cmを2個
ナスカン　内径1cmを2個

単位は cm
縫い代は指定以外0.7cmつける

〈裁ち方図〉
（　）内はスマホケース

**Lサイズ〈綿ストライプ〉**
（**Sサイズ〈綿水玉〉**）

パッチワーク布A
後ろ面
8（4）
24（15）　23（12）
24（15）
50（20）
70（20）

**Mサイズ〈綿水玉〉**
（**Mサイズ〈綿ストライプ〉**）
パッチワーク布B
15（8）
8（5）
持ち手　6（4）
回り裁切り
40（26）
50

**Mサイズ〈綿ギンガムチェック〉**
（**Sサイズ〈綿ギンガムチェック〉**）
28
パッチワーク布D
4
8（5）　15（8）
25（20）
ペン袋（タブレットケースのみ）
50（20）

**Mサイズ〈綿無地〉**
（**Sサイズ〈綿花柄〉**）
23（12）　4（3）
25（20）
口布
50（20）

**Sサイズ〈綿花柄〉**
（**Sサイズ〈綿ギンガムチェック〉**）
パッチワーク布C
9.4（6.4）　8（5）
15（8）
16.4（9.4）

**Lサイズ〈綿水玉〉**（**Mサイズ〈綿水玉〉**）
回り裁切り
タブ　6（4）　3.4
裏袋布前面
28（18）　23（12）
裏袋布後ろ面
50（25）
70（50）

## 1 タブを作る

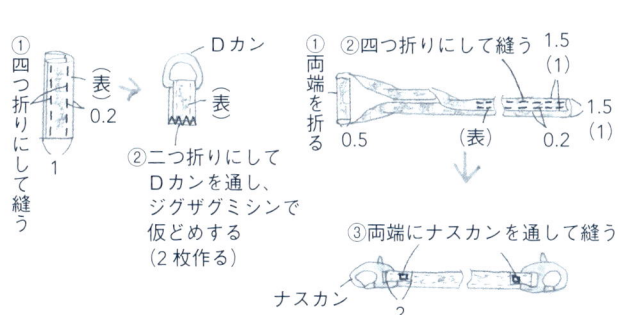

① 四つ折りにして縫う
0.2
1

Dカン
（表）
（表）

② 二つ折りにして
Dカンを通し、
ジグザグミシンで
仮どめする
（2枚作る）

## 2 持ち手を作る

① 両端を折る
② 四つ折りにして縫う 1.5（1）
（表）
0.5
1.5（1）
0.2

③ 両端にナスカンを通して縫う
ナスカン
2

## 3 ペン袋を作る（タブレットケースのみ）

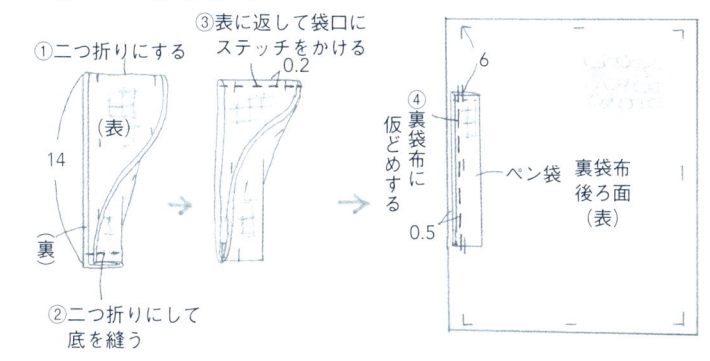

① 二つ折りにする
（表）
14
（裏）

② 二つ折りにして
底を縫う

③ 表に返して袋口に
ステッチをかける
0.2

④ 裏袋布に
仮どめする
0.5

6

ペン袋

裏袋布
後ろ面
（表）

## 4 表袋布を作る

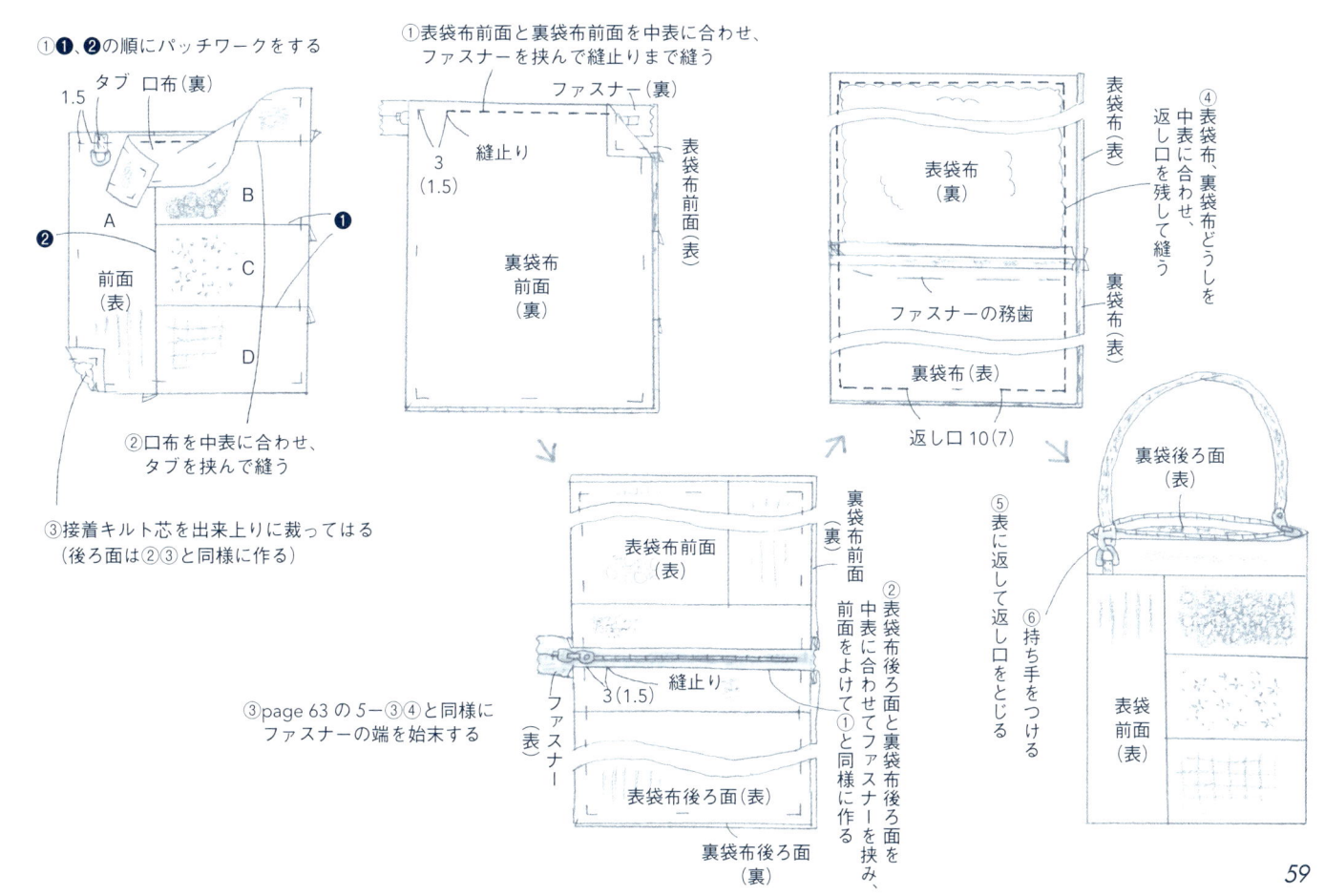

① ❶、❷の順にパッチワークをする

1.5
タブ　口布（裏）
❷
A
前面
（表）
B
C
D
❶

② 口布を中表に合わせ、
タブを挟んで縫う

③ 接着キルト芯を出来上りに裁ってはる
（後ろ面は②③と同様に作る）

## 5 ファスナーをつけ、仕上げる

① 表袋布前面と裏袋布前面を中表に合わせ、
ファスナーを挟んで縫止りまで縫う

ファスナー（裏）
3（1.5）
縫止り
表袋布前面（表）

裏袋布
前面
（裏）

表袋布
（裏）

ファスナーの務歯

裏袋布
（表）

裏袋布（表）
返し口 10（7）

④ 表袋布、裏袋布どうしを
中表に合わせ、
返し口を残して縫う

表袋布
（表）

裏袋布
（表）

③ page 63 の 5-③④と同様に
ファスナーの端を始末する

表袋布前面
（表）

裏袋布前面
（裏）

ファスナー
（表）
3（1.5）
縫止り

表袋布後ろ面（表）

裏袋布後ろ面
（裏）

② 表袋布後ろ面と裏袋布後ろ面を
中表に合わせてファスナーを挟み、
前面をよけて①と同様に作る

⑤ 表に返して返し口をとじる

⑥ 持ち手をつける

裏袋後ろ面
（表）

表袋
前面
（表）

# 花柄お裁縫セット *page18*

〈**出来上り寸法**〉 シザーケース（広げたとき） 縦18×横18cm　トレー　底の大きさ10×10×高さ4cm

　　　　　針刺し　直径7×高さ8cm　ネコメジャー　縦10×横7×奥行き4cm

〈**材料**〉布はカットクロス → page2

**シザーケース**
Sサイズ（20×20cm ／綿デニム）を1枚　表布用〔CHECK&STRIPE〕
Sサイズ（20×20cm ／綿プリント）を1枚　裏布用
テープ　1.5cm幅を34cm
ボタン　直径1.8cmを1個

**トレー**
Sサイズ（20×20cm ／綿デニム）を1枚　表布用〔CHECK&STRIPE〕
Sサイズ（20×20cm ／綿プリント）を1枚　裏布用

**針刺し**
Sサイズ（20×25cm ／綿プリント）を1枚
プリン型　直径7cmを1個
羊毛

**ネコメジャー**
Sサイズ（20×20cm ／綿プリント）を1枚
ボタン　直径0.6cmを2個
キルト芯　7×10cm
わた
メジャー　直径3.5cmを1個

**針刺し**
単位は cm
〈**裁ち方図**〉
Sサイズ
本体　1枚　半径 10 の円　回り裁切り
20

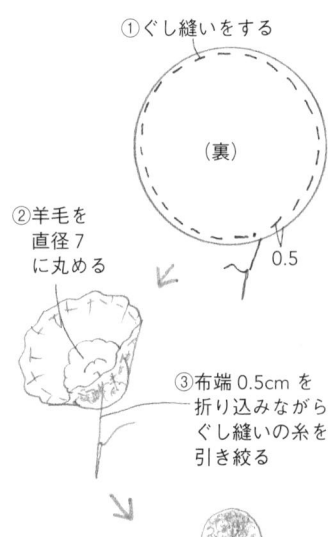

①ぐし縫いをする
（裏）
0.5

②羊毛を
直径7
に丸める

③布端0.5cm を
折り込みながら
ぐし縫いの糸を
引き絞る

④本体を
プリン型に
入れる

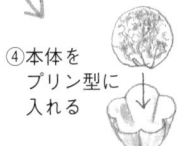

## シザーケース
単位は cm　すべて裁切り
〈**裁ち方図**〉
Sサイズ
〈綿デニム、綿プリント〉各1枚

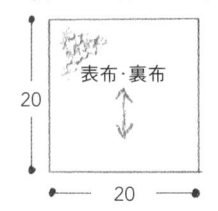

表布・裏布
20 / 20

①テープを
仮どめする
1.1
テープ
裏布（表）
0.5

②表布と裏布を中表に合わせ、
返し口を残して縫う
表布（裏）
返し口 6
裏布（表）
1

③表に返して
ステッチをかける

⑤テープの端を
三つ折りにし、
ボタンを重ねて
縫いとめる
1　1
裏布（表）
表布（表）
7
6
1.5
0.1
④角を折り、
③の縫い目に
重ねて縫う

## トレー
単位は cm　すべて裁切り
〈**裁ち方図**〉
Sサイズ

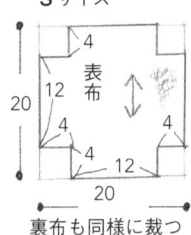

表布
20 / 20
4　4　12　4　4　4　12
裏布も同様に裁つ

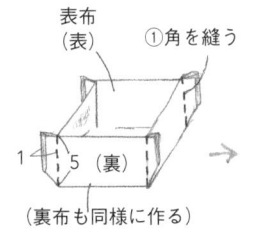

表布（表）
①角を縫う
1　5（裏）
（裏布も同様に作る）

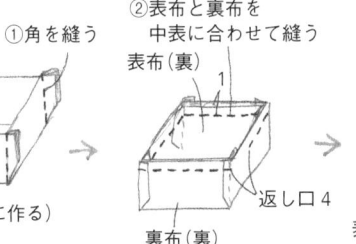

②表布と裏布を
中表に合わせて縫う
表布（裏）
1
返し口 4
裏布（裏）

0.1
裏布（裏）
表布（表）
③表に返して
ステッチをかける

# ネコメジャー

単位は cm （ ）内は縫い代
指定以外は1cmつける

〈裁ち方図〉

Ｓサイズ

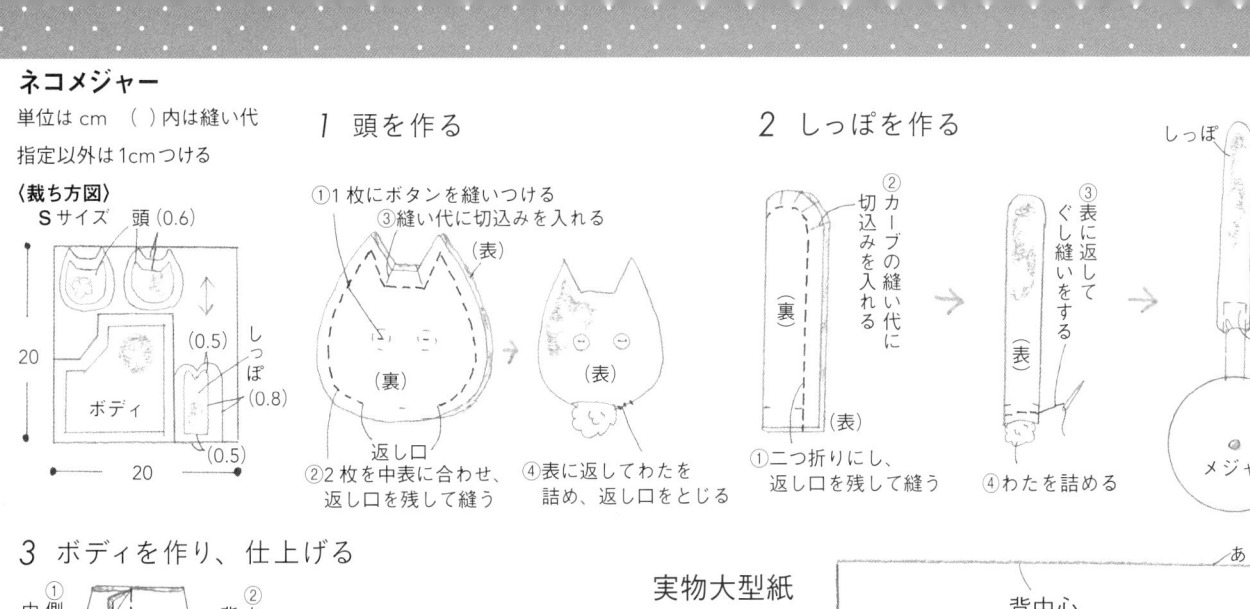

## 1 頭を作る

①1枚にボタンを縫いつける
③縫い代に切込みを入れる

（表）

（裏）

返し口

②2枚を中表に合わせ、
返し口を残して縫う

④表に返してわたを
詰め、返し口をとじる

## 2 しっぽを作る

②カーブの縫い代に切込みを入れる

（裏）

（表）

①二つ折りにし、
返し口を残して縫う

③表に返して
ぐし縫いをする

④わたを詰める

⑤メジャーの持ち手を挟み、返し口の縫い代を折り込みながら④の糸を引き絞る

しっぽ

メジャー

## 3 ボディを作り、仕上げる

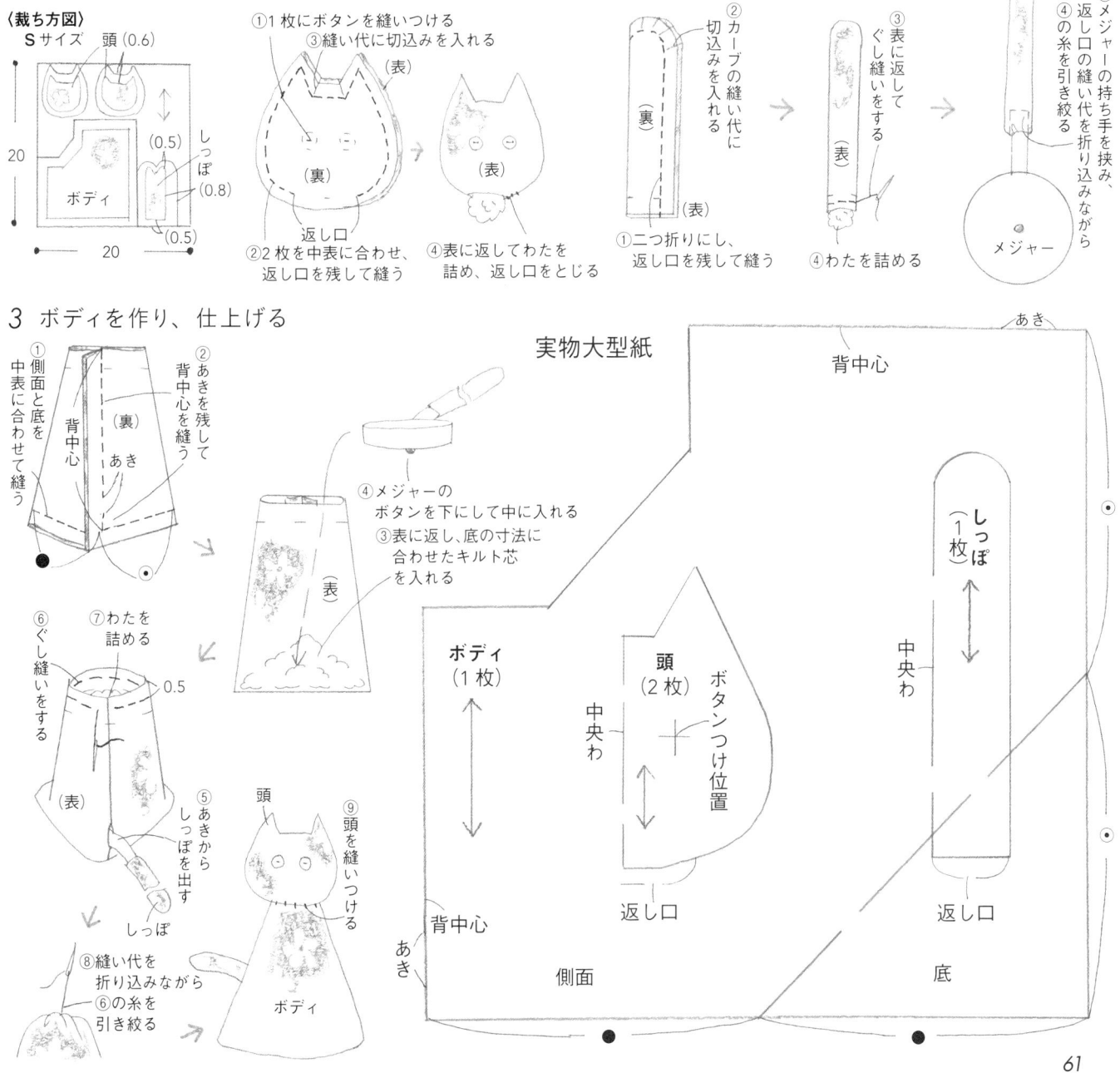

①側面と底を中表に合わせて縫う

背中心

（裏）

あき

②あきを残して背中心を縫う

④メジャーのボタンを下にして中に入れる

③表に返し、底の寸法に合わせたキルト芯を入れる

（表）

⑥ぐし縫いをする

⑦わたを詰める

0.5

（表）

⑤あきからしっぽを出す

しっぽ

⑧縫い代を折り込みながら⑥の糸を引き絞る

頭

⑨頭を縫いつける

ボディ

実物大型紙

あき

背中心

ボディ（1枚）

中央わ

背中心

あき

側面

頭（2枚）

中央わ

ボタンつけ位置

返し口

しっぽ（1枚）

中央わ

返し口

底

# モノトーンペンケース　page20

〈出来上り寸法〉 縦6×横（袋口）18・（底）16×まち幅2cm

〈材料〉布はカットクロス → page2
Sサイズ（20×20cm ／綿水玉）を1枚
　表袋布A・C用
Sサイズ（20×20cm ／綿プリント）を1枚
　表袋布B用〔decollections〕
Mサイズ（50×25cm ／綿ストライプ）を1枚
　持ち手・ファスナー端布・裏袋布用
接着キルト芯　19.4×15.4cm
フラットニットファスナー　長さ20cmを1本

単位は cm　縫い代は指定以外0.7cmつける

〈裁ち方図〉

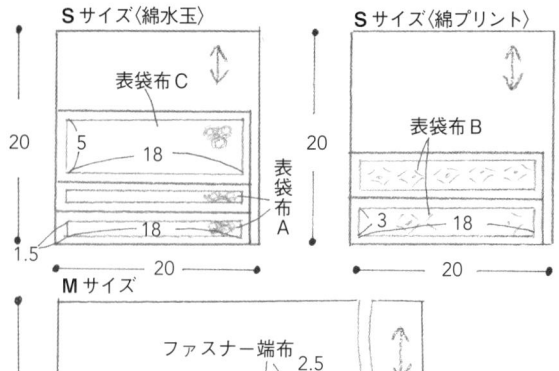

## 1 持ち手を作る

外表に四つ折りにして縫う（2枚作る）

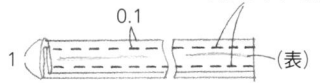

## 2 ファスナー端布をつける

①下止めをカットする

②端布を中表に合わせ、
ファスナーを挟んで縫う

③端布を表に返し、
布端をジグザグミシンで
仮どめする

## 3 表袋布を作る

①AとBを中表に合わせ、
持ち手を挟んで縫う
（2枚作る）

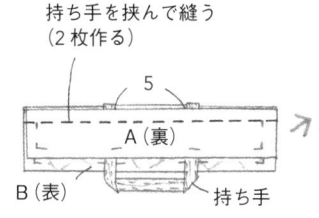

③接着キルト芯を
出来上りに裁って
はる

②①とCを中表に合わせて縫う

## 4 裏袋布を作る

返し口7

2枚を中表に合わせ、
返し口を残して底を縫う

## 5 ファスナーをつけ、仕上げる

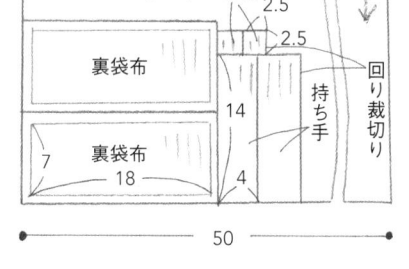

①表袋布と裏袋布を中表に合わせて
ファスナーを挟み、
持ち手をよけて縫止りまで縫う

②表袋布、裏袋布それぞれ二つ折り
にしてファスナーを挟み、
持ち手をよけて縫止りまで縫う

# シンプルブックカバー　*page23*

〈出来上り寸法〉　（折った状態）　縦16×横11.5cm

〈材料〉布はカットクロス → page2
Mサイズ（50×25cm／麻プリント）を1枚　表布用
Mサイズ（50×25cm／綿ストライプ）を1枚　裏布用
たこ糸　太さ0.1cmを25cm
ベル形ウッドビーズ　直径0.7cmを1個

単位は cm　すべて裁切り

〈裁ち方図〉

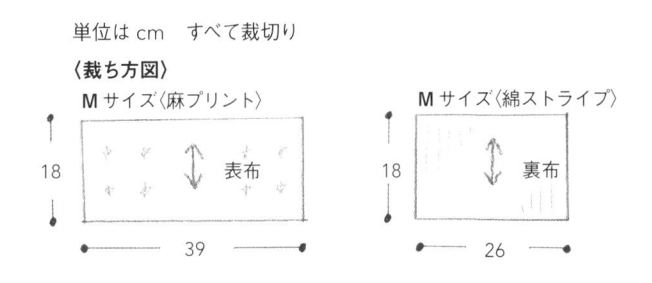

## 1　表布と裏布を作る

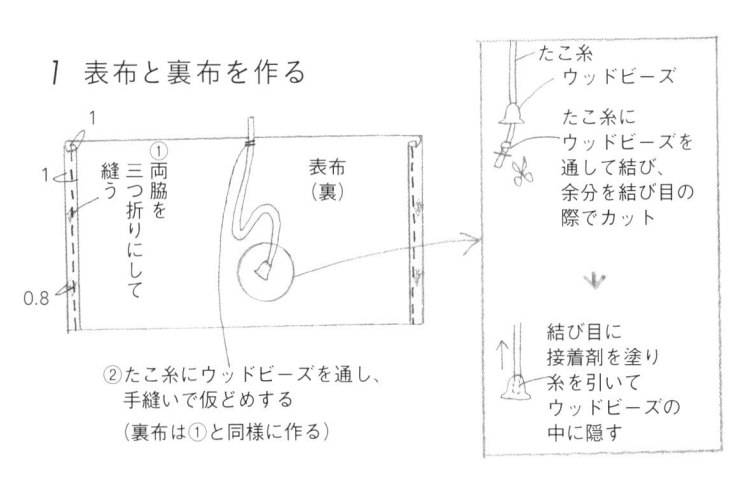

①両脇を三つ折りにして縫う

②たこ糸にウッドビーズを通し、
手縫いで仮どめする
（裏布は①と同様に作る）

たこ糸
ウッドビーズ

たこ糸に
ウッドビーズを
通して結び、
余分を結び目の
際でカット

結び目に
接着剤を塗り
糸を引いて
ウッドビーズの
中に隠す

## 2　仕上げる

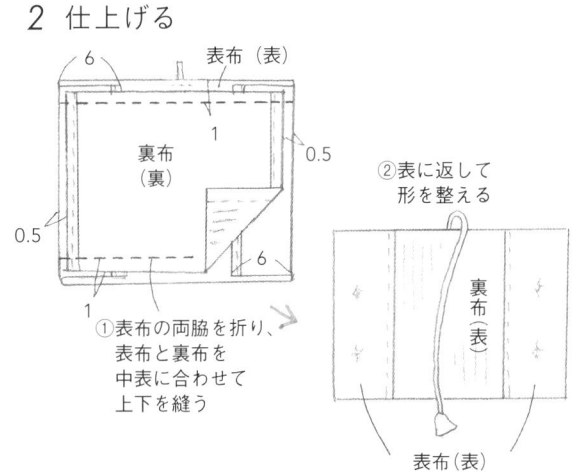

①表布の両脇を折り、
表布と裏布を
中表に合わせて
上下を縫う

②表に返して
形を整える

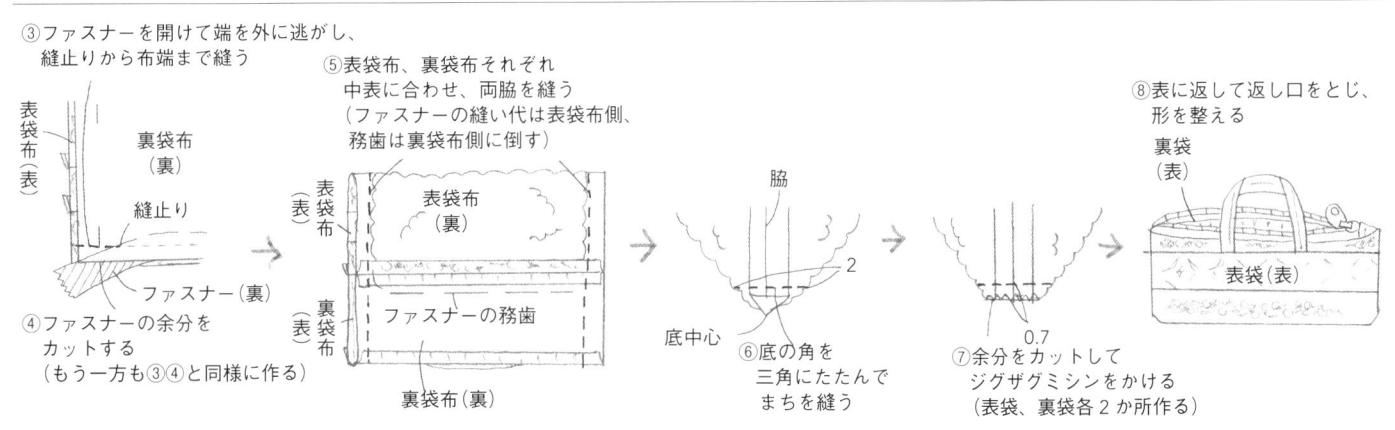

③ファスナーを開けて端を外に逃がし、
　縫止りから布端まで縫う

④ファスナーの余分を
　カットする
　（もう一方も③④と同様に作る）

⑤表袋布、裏袋布それぞれ
　中表に合わせ、両脇を縫う
　（ファスナーの縫い代は表袋布側、
　務歯は裏袋布側に倒す）

⑥底の角を
三角にたたんで
まちを縫う

⑦余分をカットして
ジグザグミシンをかける
（表袋、裏袋各2か所作る）

⑧表に返して返し口をとじ、
　形を整える

# 袱紗と扇子入れ  *page21*

〈出来上り寸法〉  袱紗　縦13×横21cm　扇子入れ　縦4.8×横21cm

〈材料〉布はカットクロス → page2
Mサイズ（50×25cm／綿ジャカード）を1枚
　表布用
Mサイズ（50×25cm／麻無地）を1枚
　裏布用
接着芯（薄手不織布タイプ）　45×50cm
扇子入れ がま口口金　（幅21×高さ4.4cm）を1個
　〔F67・B／角田商店〕
紙ひも　40cm
5番刺繍糸　2色各1束
丸カン　直径0.7cmを1個

単位は cm　縫い代は指定以外1cmつける

〈裁ち方図〉　接着芯（ :·: ）を布の裏にはり、各パーツを裁つ

Mサイズ〈綿ジャカード〉、〈麻無地〉各1枚

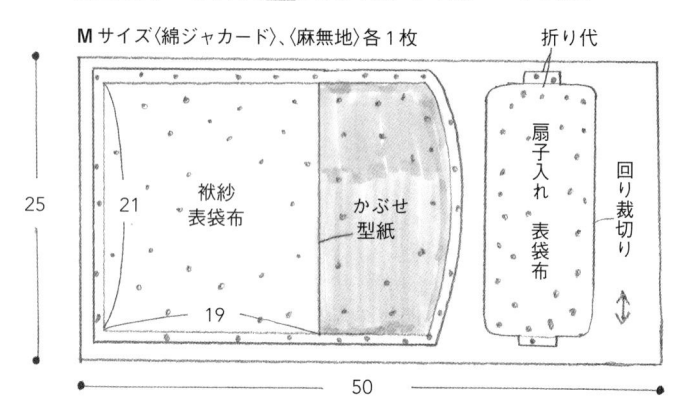

折り代

25

21

袱紗
表袋布

かぶせ
型紙

19

扇子入れ　表袋布

回り裁切り

50

## 袱紗

### *1* 表袋布と裏袋布を縫い合わせる

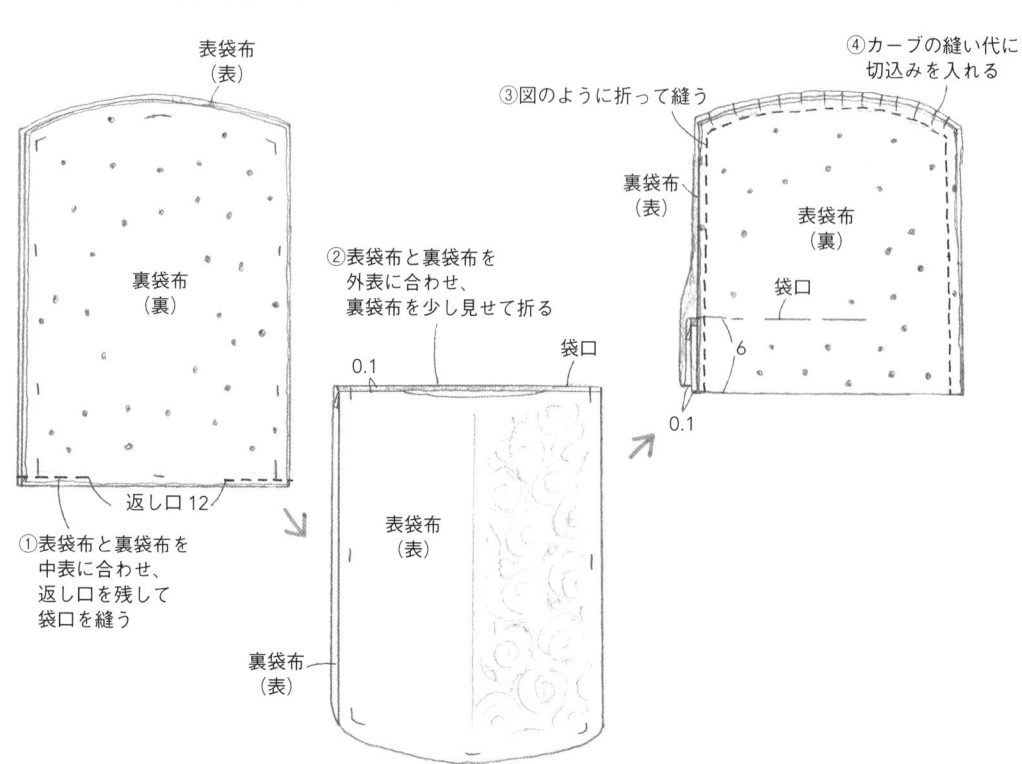

表袋布（表）

裏袋布（裏）

返し口12

①表袋布と裏袋布を
中表に合わせ、
返し口を残して
袋口を縫う

②表袋布と裏袋布を
外表に合わせ、
裏袋布を少し見せて折る

0.1

袋口

表袋布（表）

裏袋布（表）

③図のように折って縫う

④カーブの縫い代に
切込みを入れる

裏袋布（表）

表袋布（裏）

袋口

6

0.1

0.1

### *2* 仕上げる

①表に返し、
かぶせの端の裏袋布を
少し見せて形を整える

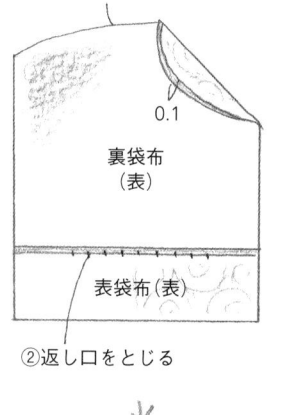

0.1

裏袋布（表）

表袋布（表）

②返し口をとじる

③かぶせを折る

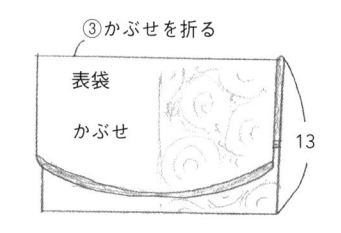

表袋

かぶせ

13

## 扇子入れ

### 1 タッセルを作る

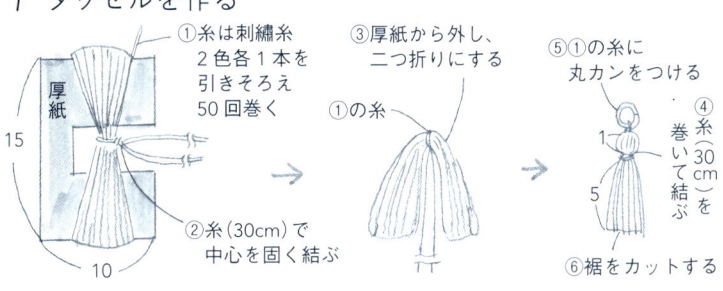

①糸は刺繍糸2色各1本を引きそろえ50回巻く

厚紙

15

10

②糸(30cm)で中心を固く結ぶ

③厚紙から外し、二つ折りにする

①の糸

⑤①の糸に丸カンをつける

④糸(30cm)を巻いて結ぶ

⑥裾をカットする

### 2 袋布を作り、仕上げる

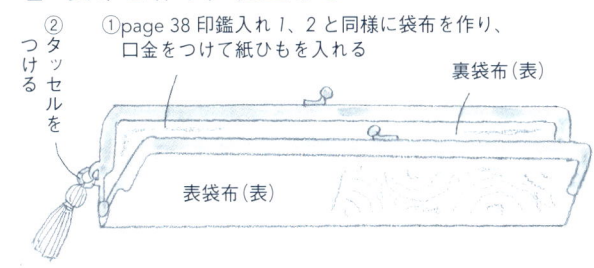

①page 38 印鑑入れ 1、2 と同様に袋布を作り、口金をつけて紙ひもを入れる

②タッセルをつける

裏袋布(表)

表袋布(表)

---

実物大型紙

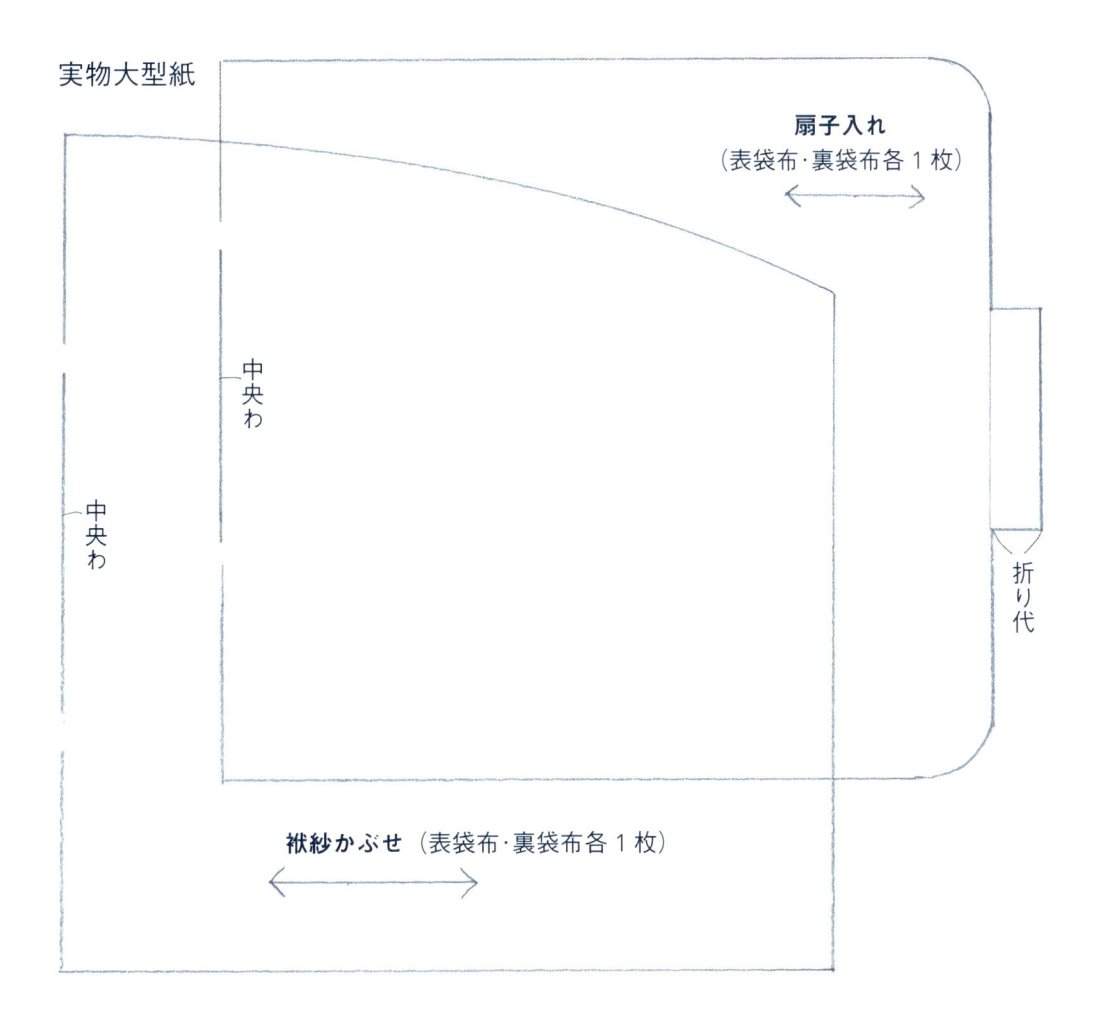

**扇子入れ**
（表袋布・裏袋布各1枚）

中央わ

中央わ

折り代

**袷紗かぶせ**（表袋布・裏袋布各1枚）

# パッチワークのがま口ポーチ *page22*

〈出来上り寸法〉 縦12×横（袋口）16.5・（底）20×まち幅4cm

〈材料〉布はカットクロス → page2
Sサイズ（20×20cm／綿プリント）6種を各1枚
　パッチワーク布A・B・C・D・E・G用
Sサイズ（20×20cm／綿ストライプ）を1枚
　パッチワーク布F・タッセル用
Mサイズ（50×25cm／8号帆布）を1枚
　裏袋布用
接着芯（薄手不織布タイプ）　45×50cm
がま口口金丸（幅16.5×高さ5.4cm）を1個
　〔F 107・ATS／角田商店〕
紙ひも　60cm
丸カン　直径0.7cmを1個

単位は cm　縫い代は指定以外0.5cmつける

〈裁ち方図〉
裏袋布は実物大型紙を参照

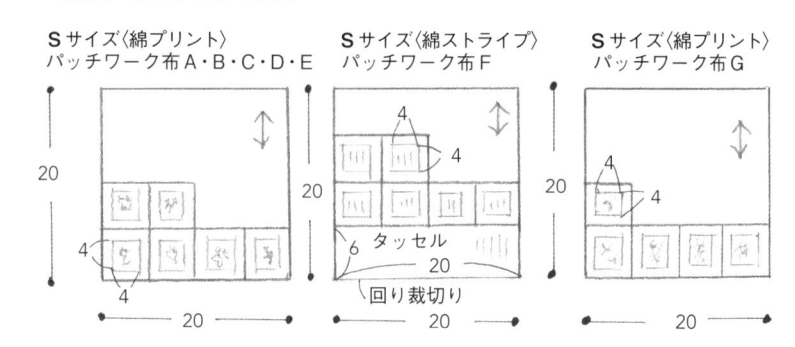

**Sサイズ〈綿プリント〉**
パッチワーク布A・B・C・D・E

**Sサイズ〈綿ストライプ〉**
パッチワーク布F

**Sサイズ〈綿プリント〉**
パッチワーク布G

## 1 タッセルを作る

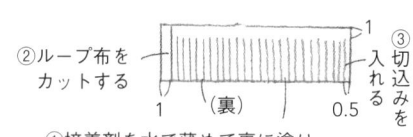

②ループ布をカットする

①接着剤を水で薄めて裏に塗り、完全に乾かす

③切込みを入れる

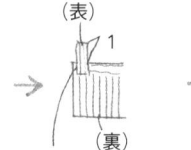

⑤ループ布を二つ折りにして重ねる

⑥ループ布を芯にしてくるくると巻く

## 2 表袋布を作る

①page 82の *1*ー①②と同様に作る

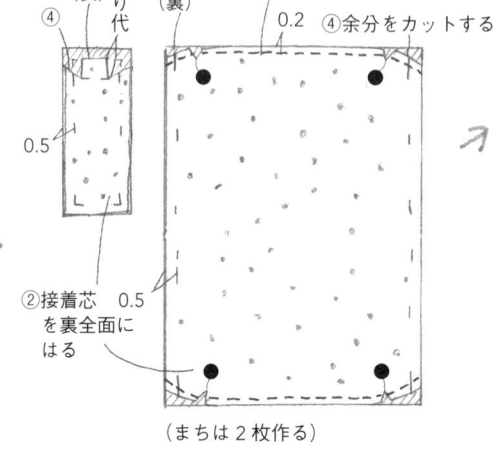

④

②接着芯　0.5
を裏全面にはる

③袋口を仮どめする

0.2

④余分をカットする

（まちは2枚作る）

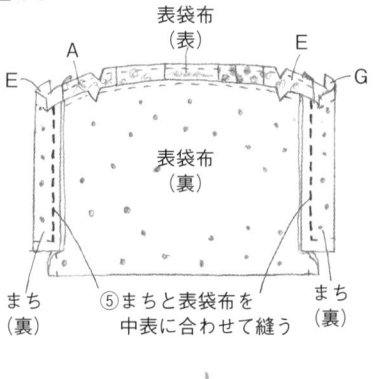

⑤まちと表袋布を中表に合わせて縫う

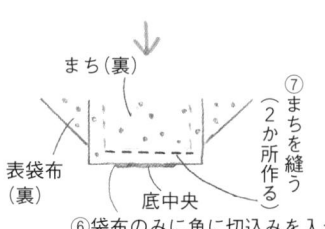

⑦まちを縫う（2か所作る）

⑥袋布のみに角に切込みを入れる

底中央

## 3 裏袋を作る

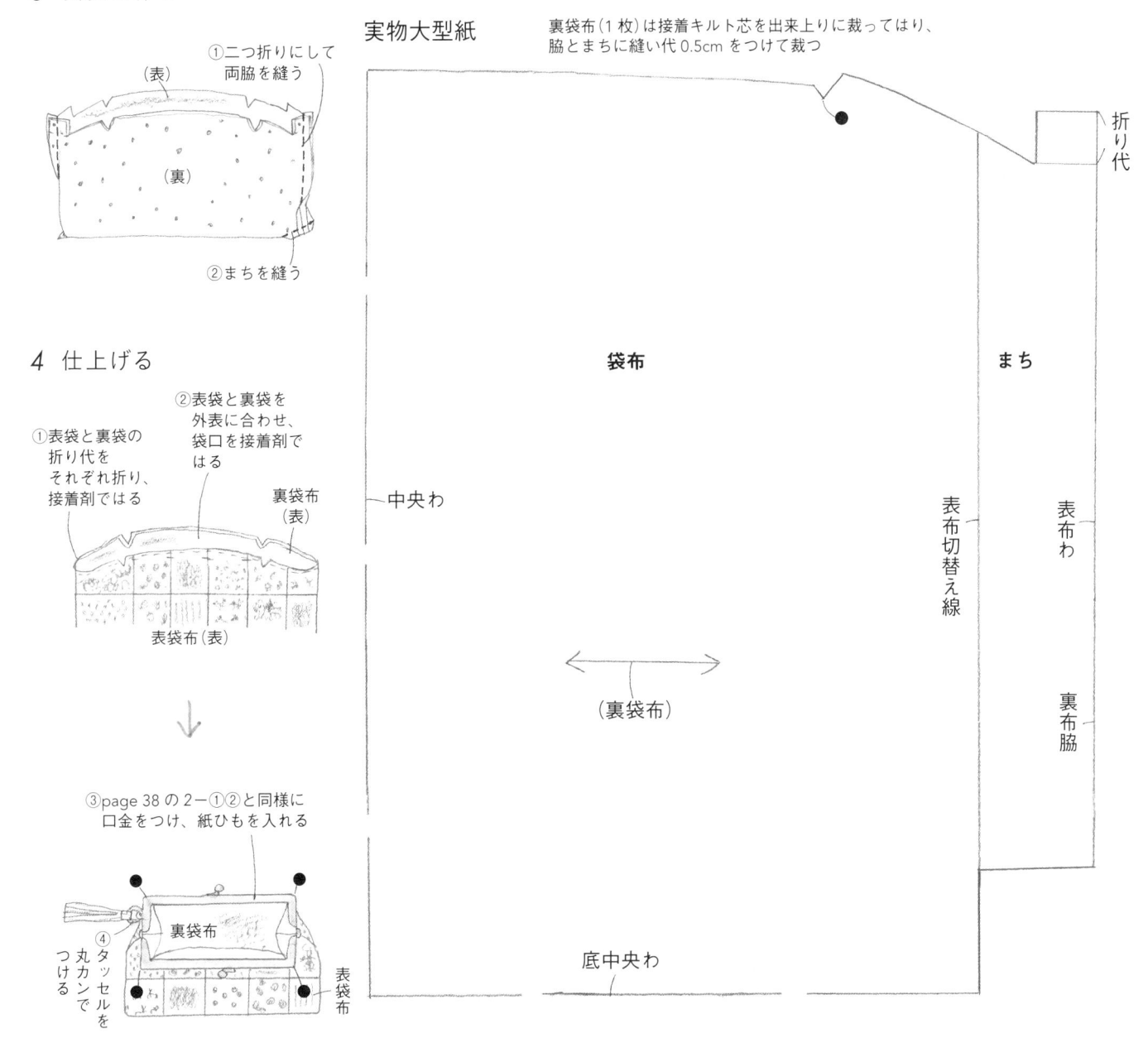

①二つ折りにして両脇を縫う

(表)

(裏)

②まちを縫う

## 4 仕上げる

①表袋と裏袋の折り代をそれぞれ折り、接着剤ではる

②表袋と裏袋を外表に合わせ、袋口を接着剤ではる

裏袋布（表）

表袋布（表）

③page 38 の 2 −①②と同様に口金をつけ、紙ひもを入れる

裏袋布

④タッセルを丸カンでつける

表袋布

実物大型紙

裏袋布（1枚）は接着キルト芯を出来上りに裁ってはり、脇とまちに縫い代 0.5cm をつけて裁つ

折り代

袋布

まち

中央わ

表布切替え線

表布わ

裏布脇

（裏袋布）

底中央わ

# フリルバッグ　page26

〈出来上り寸法〉（袋部分の大きさ）　縦23×横22cm

〈材料〉布はカットクロス → page2
Lサイズ（70×50cm／綿プリント）を1枚
　表袋布・フリル・持ち手・ひも用〔CHECK&STRIPE〕
Mサイズ（50×25cm／麻）を1枚
　裏袋布用

単位は cm　（　）内は縫い代　指定以外は裁切り
〈裁ち方図〉実物大型紙は page 83

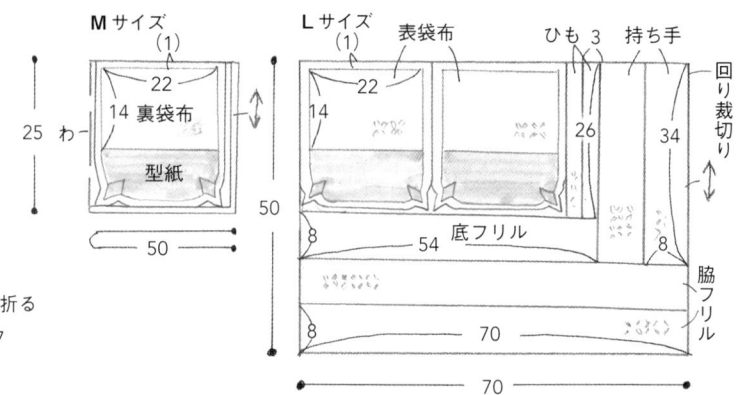

## 1　持ち手とひもを作る

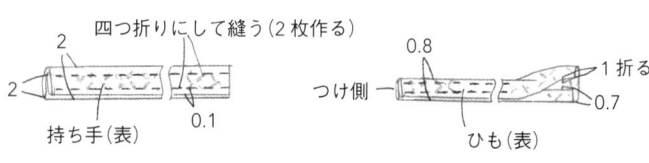

四つ折りにして縫う（2枚作る）

2　持ち手（表）　2　0.1

つけ側　0.8　1折る　0.7　ひも（表）

## 2　フリルを作る

①脇フリルと底フリルを中表に合わせて縫う

脇フリル（裏）　脇フリル（裏）　②二つ折りにして両脇を縫う

4　1　（表）　1　底フリル（裏）　1

→

③表に返し、粗い針目で縫う

（表）　0.7　0.5

## 3　表袋と裏袋を作る

②フリルの2ー③のつけ寸法に縮め、仮どめする

④持ち手を仮どめする
10
③ひもを仮どめする
フリル
表袋布（裏）
①ダーツを縫う

2ー①の縫い目とダーツの縫い目を合わせる

⑤2枚を中表に合わせて袋口以外を縫う
裏袋は①⑤と同様に作る。
底に返し口 10cm を残す

（表）　表袋布（裏）

## 4　仕上げる

①表袋布と裏袋布を中表に合わせて袋口を縫う

表袋布（裏）　裏袋布（裏）

②表に返して返し口をとじる

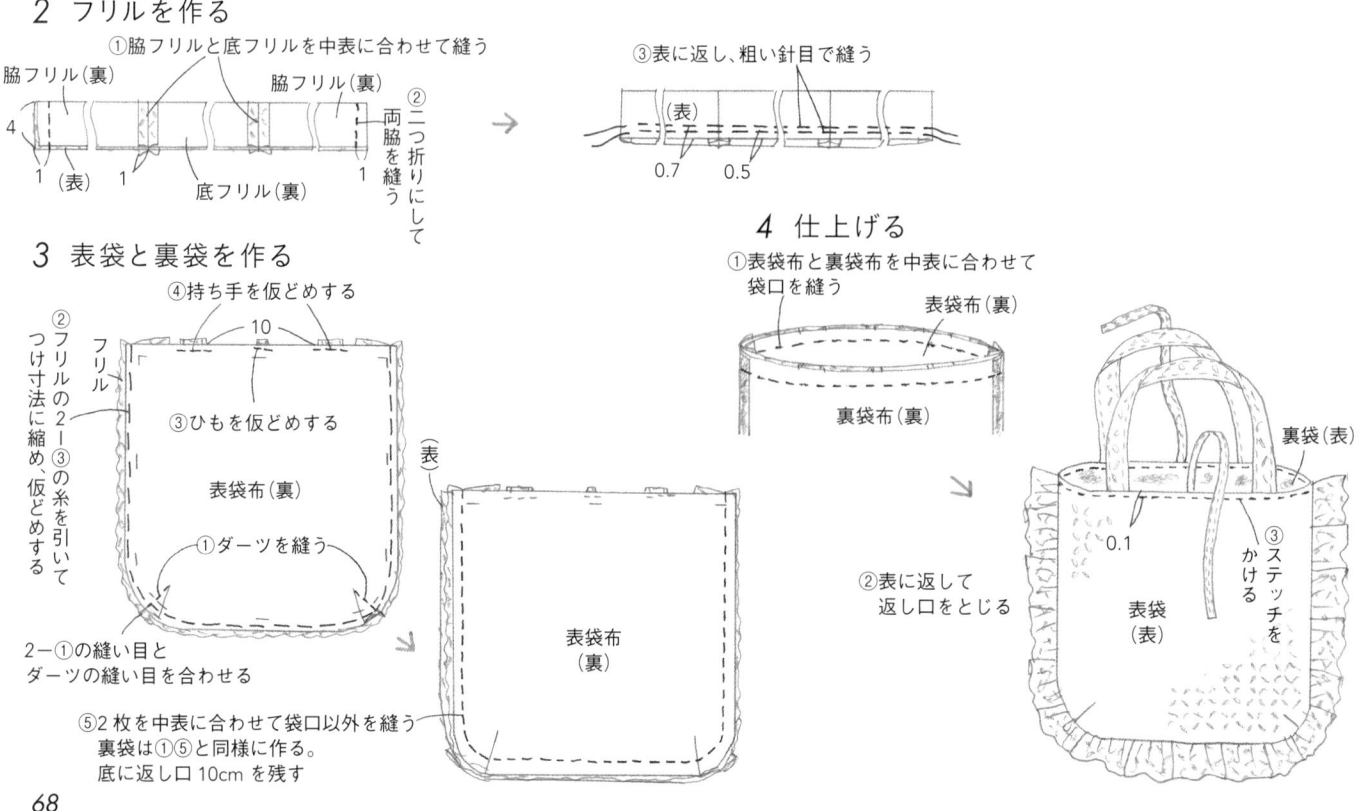

裏袋（表）
0.1
表袋（表）
③ステッチをかける

# ミニミニバスケット　*page33*

〈出来上り寸法〉　縦3.9×底の直径4cm

〈材料〉1点分／布はカットクロス → page2（a＝左、b＝右）
Sサイズ（20×20cm ／a 綿水玉プリント、b 綿ストライプ）を1枚
　パッチワーク布A用
Sサイズ（20×20cm ／a、bとも綿プリント）を1枚
　パッチワーク布B用〔decollections〕
Sサイズ（20×20cm ／a 綿ギンガムチェック、b 綿プリント）を1枚
　パッチワーク布C用
Sサイズ（20×20cm ／a 綿プリント、b 綿ストライプ）を1枚
　持ち手用
Sサイズ（20×20cm ／a、bとも綿無地）を1枚
　底・裏袋用

単位は cm　縫い代は指定以外0.5cmつける

〈裁ち方図〉
Sサイズ〈綿無地〉

裏底　4
表底　4
裏袋布　3.9　12.5
20
20

Sサイズ
a〈綿プリント〉
b〈綿ストライプ〉
持ち手
1枚
回り裁切り
8
2

Sサイズ
パッチワーク布　A・B・C各1枚
2.3　1.3　12.5　13.5

## 1　持ち手を作る

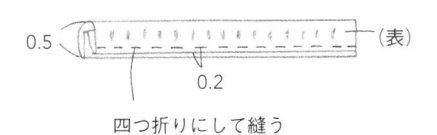

0.5　0.2　（表）
四つ折りにして縫う

## 2　表袋と裏袋を作る

①パッチワーク布を中表に合わせて縫い、
　表袋布を作る

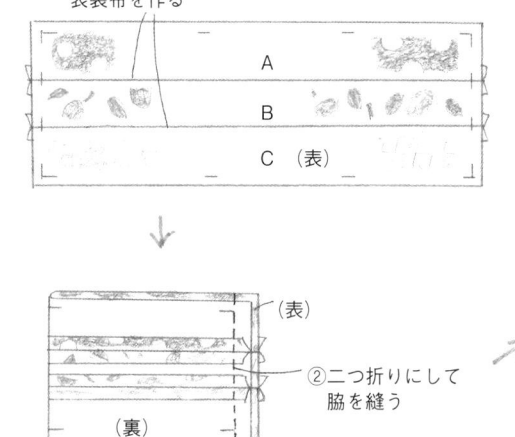

A
B
C　（表）

（表）
（裏）
②二つ折りにして
　脇を縫う

## 3　仕上げる

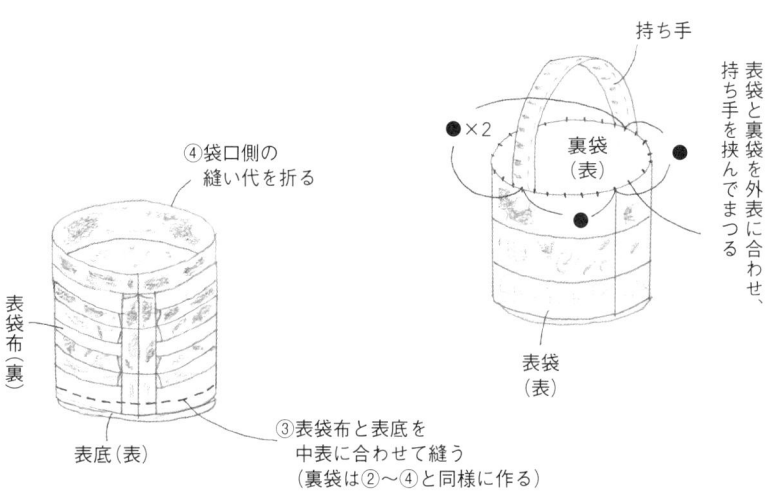

持ち手
裏袋（表）
●×2
●
●
表袋と裏袋を外表に合わせ、持ち手を挟んでまつる
表袋（表）

④袋口側の縫い代を折る
表袋布（裏）
表底（表）
③表袋布と表底を
　中表に合わせて縫う
　（裏袋は②〜④と同様に作る）

# トート型ミニバネポーチ *page28*

〈出来上り寸法〉 縦8×横（袋口）10・（底）12×まち幅2cm

〈材料〉1点分／ 布はカットクロス → page2
Mサイズ（50×25cm ／綿花柄）を1枚
　表袋布A・裏袋布・持ち手B用〔decollections〕
Sサイズ（20×20cm ／綿水玉）を1枚
　表袋布B・持ち手A用〔白のみ decollections〕
Sサイズ（20×20cm ／綿ストライプ）を1枚
　口布用
バネ口金　幅1×長さ10cmを1本

単位は cm　（　）内は縫い代　指定以外は0.7cmつける

〈裁ち方図〉

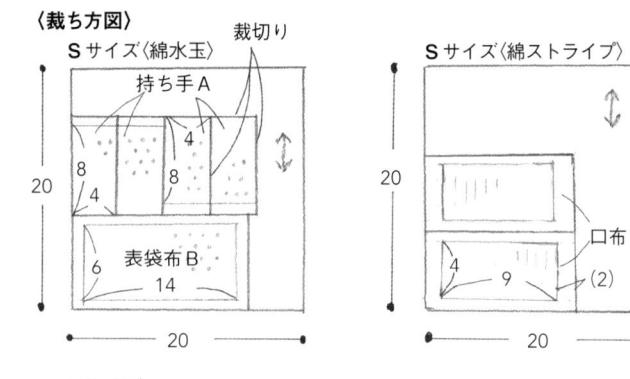

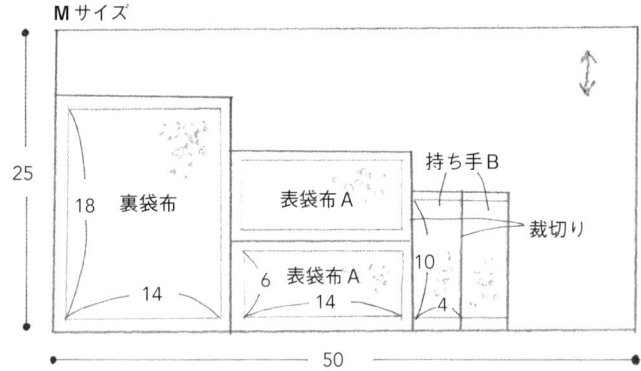

## 1 持ち手を作る

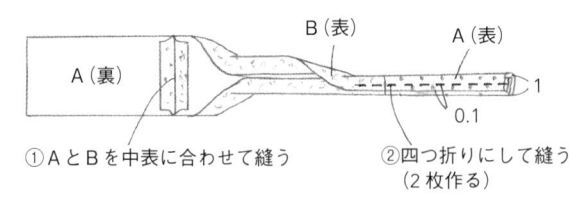

①AとBを中表に合わせて縫う

②四つ折りにして縫う
（2枚作る）

## 2 表袋布を作る

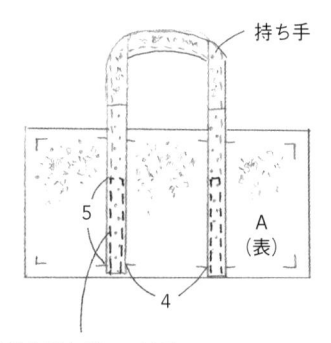

①持ち手を縫いつける
　（1－②の縫い目に重ねて縫う）
　（2枚作る）

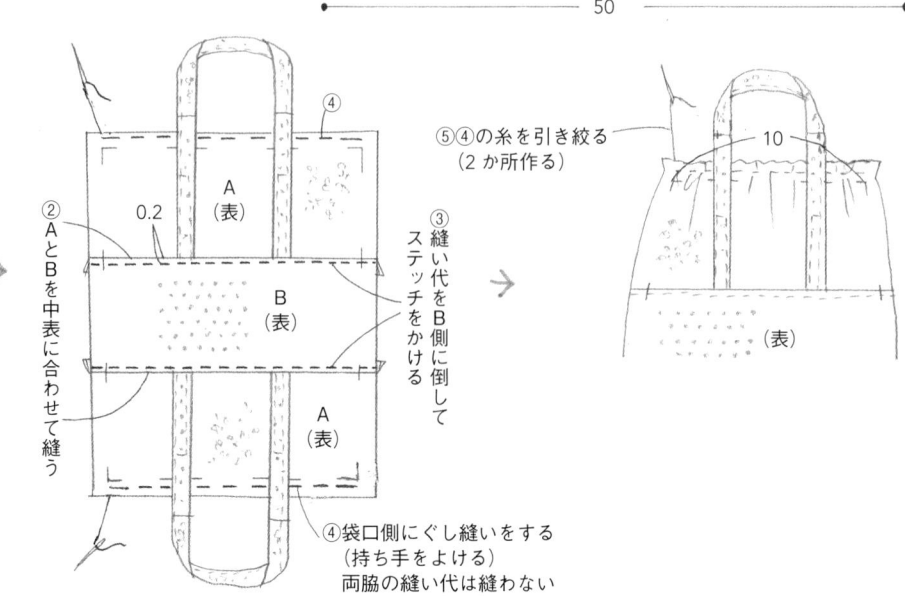

②AとBを中表に合わせて縫う

③縫い代をB側に倒してステッチをかける

④袋口側にぐし縫いをする
　（持ち手をよける）
　両脇の縫い代は縫わない

⑤④の糸を引き絞る
　（2か所作る）

## 3 口布を作る

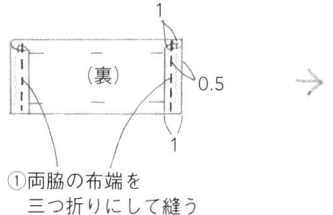

①両脇の布端を
三つ折りにして縫う

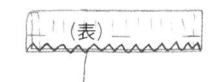

②二つ折りにして
ジグザグミシンで仮どめする
（2枚作る）

## 4 袋を作り、仕上げる

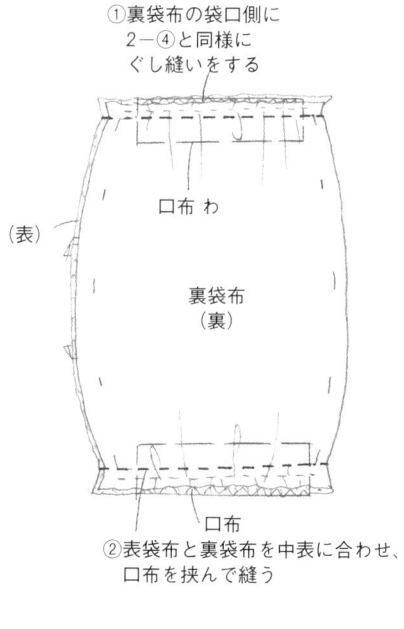

①裏袋布の袋口側に
2ー④と同様に
ぐし縫いをする

口布 わ

裏袋布
（裏）

（表）

口布

②表袋布と裏袋布を中表に合わせ、
口布を挟んで縫う

③図のようにたたみ直し、
一方に返し口を残して
両脇を縫う

表袋布
（裏）

表袋布
（表）

返し口5

裏袋布
（裏）

裏袋布
（表）

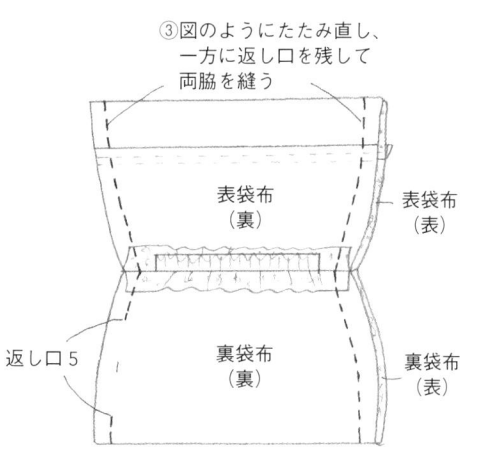

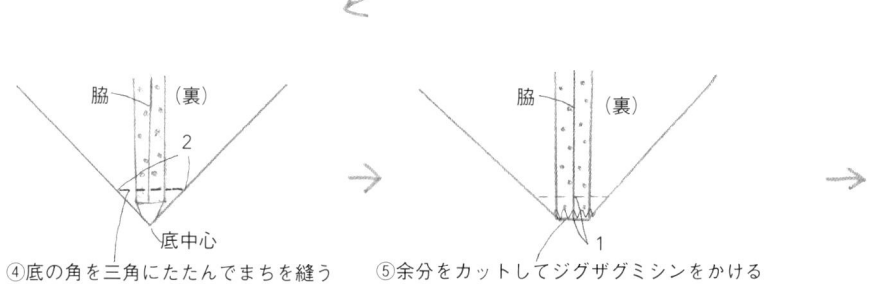

脇 （裏）

底中心

④底の角を三角にたたんでまちを縫う

脇 （裏）

⑤余分をカットしてジグザグミシンをかける
（表袋、裏袋各2か所作る）

⑥表に返して返し口をとじる

⑦バネ口金を口布に通して
ビスを差し込む

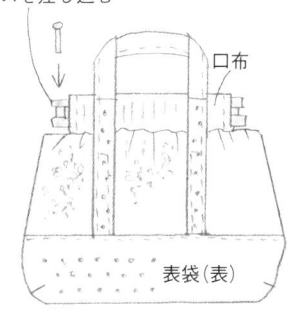

口布

表袋（表）

# ティッシュケースつきファスナーポーチ　*page29*

**〈出来上り寸法〉**　縦9×横13cm

**〈材料〉**（1点分、a=ピンク、b＝緑）／ 布はカットクロス → page2
Mサイズ（50×25cm／a 綿水玉、b 綿ストライプ）を1枚
　パッチワーク布A・裏袋布用
Sサイズ（20×20cm／a 綿無地、b 綿花柄）を1枚
　パッチワーク布B・E・ファスナー端布用〔bは decollections〕
Sサイズ（20×20cm／a 綿花柄、b 綿千鳥格子）を1枚
　パッチワーク布C・F用〔aは decollections〕
Sサイズ（20×20cm／a 綿チェック、b綿プリント）を1枚
　パッチワーク布D用〔bは decollections〕
フラットニットファスナー　長さ20cmを1本

単位は cm　縫い代は指定以外0.7cmつける

**〈裁ち方図〉**

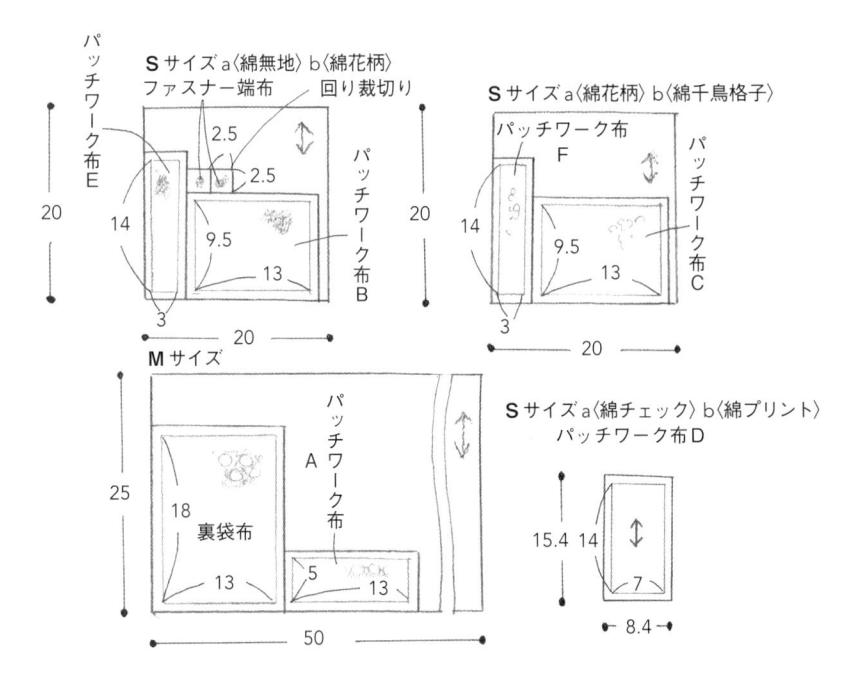

## 1 ファスナー端布をつける

page 62 の 2 と同様に作る

## 2 表袋布を作る

①パッチワーク布を
❶、❷の順に
中表に合わせて縫う

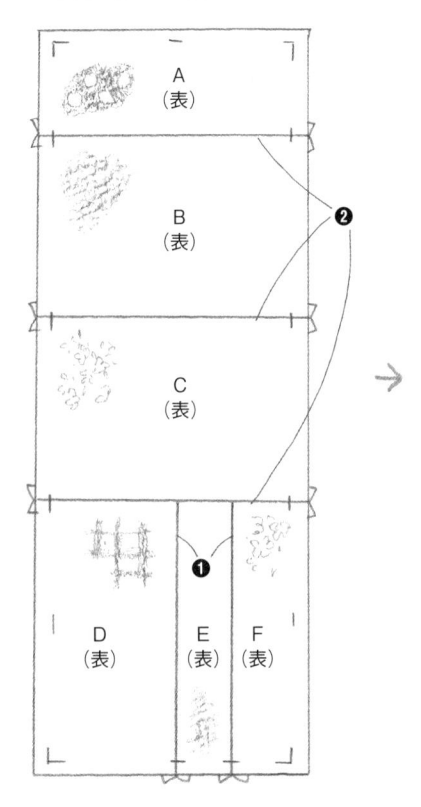

# 3 ファスナーをつけ、仕上げる

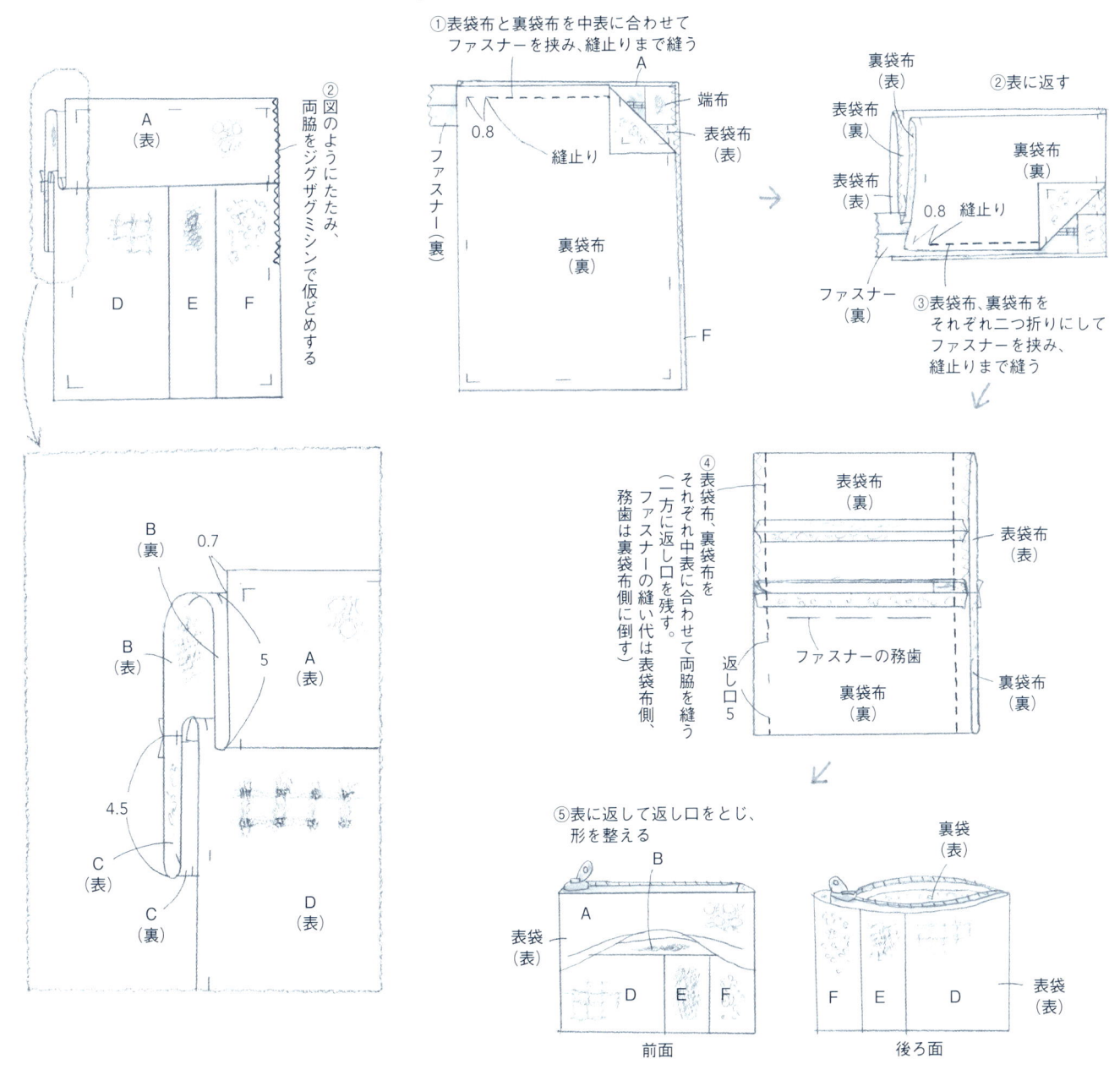

②図のようにたたみ、両脇をジグザグミシンで仮どめする

A（表）

D　E　F

①表袋布と裏袋布を中表に合わせてファスナーを挟み、縫止りまで縫う

ファスナー（裏）

0.8

縫止り

A

端布

表袋布（表）

裏袋布（裏）

F

②表に返す

裏袋布（表）

表袋布（裏）

表袋布（表）

裏袋布（裏）

0.8　縫止り

ファスナー（裏）

③表袋布、裏袋布をそれぞれ二つ折りにしてファスナーを挟み、縫止りまで縫う

④表袋布、裏袋布をそれぞれ中表に合わせて両脇を縫う（一方に返し口を残す。ファスナーの縫い代は表袋布側、務歯は裏袋布側に倒す）

表袋布（裏）

表袋布（表）

ファスナーの務歯

返し口5

裏袋布（裏）

裏袋布（裏）

B（裏）

0.7

B（表）

5

A（表）

4.5

C（表）

C（裏）

D（表）

⑤表に返して返し口をとじ、形を整える

A

B

表袋（表）

D　E　F

前面

裏袋（表）

F　E　D

表袋（表）

後ろ面

# ルームシューズ　*page30*

〈出来上り寸法〉　底の長さ24cm

〈材料〉布はカットクロス → page2
Lサイズ（50×70cm／綿花柄プリント・向きに注意）を1枚
　側面用
Mサイズ（50×25cm／綿ギンガムチェック）を2枚
　底用
キルト芯　90×90cm

単位は cm　（　）内は縫い代

〈裁ち方図〉

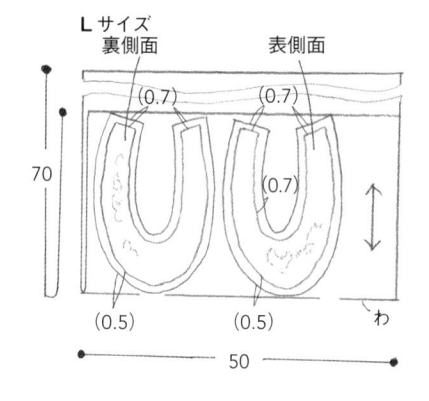

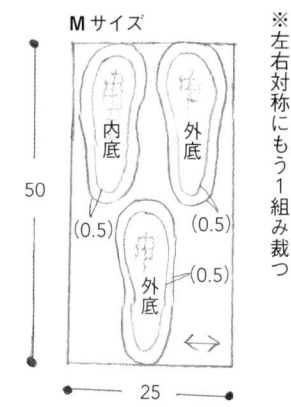

※左右対称にもう1組み裁つ

## 1　各パーツを仮どめする

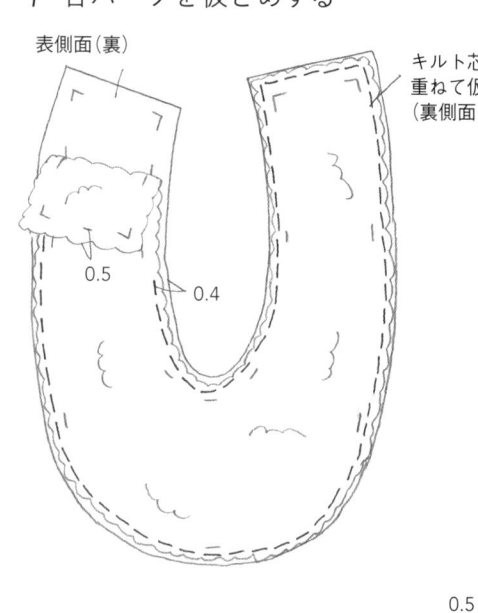

表側面（裏）

キルト芯を
重ねて仮どめする
（裏側面も同様に作る）

0.5
0.4

外底、キルト芯（各2枚）、
内底を重ねて仮どめする

キルト芯

0.4

内底（表）

外底（裏）

0.5

（側面、底とも左右対称にもう1個作る）

## 2　側面を作る

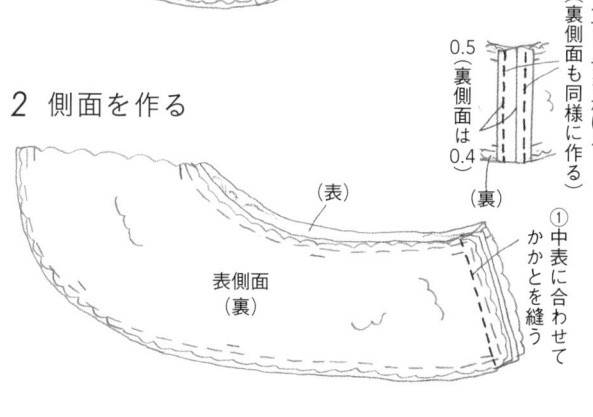

（表）

表側面
（裏）

①中表に合わせてかかとを縫う

②縫い代を割り、ステッチをかける（裏側面も同様に作る）

0.5（裏側面は0.4）

（裏）

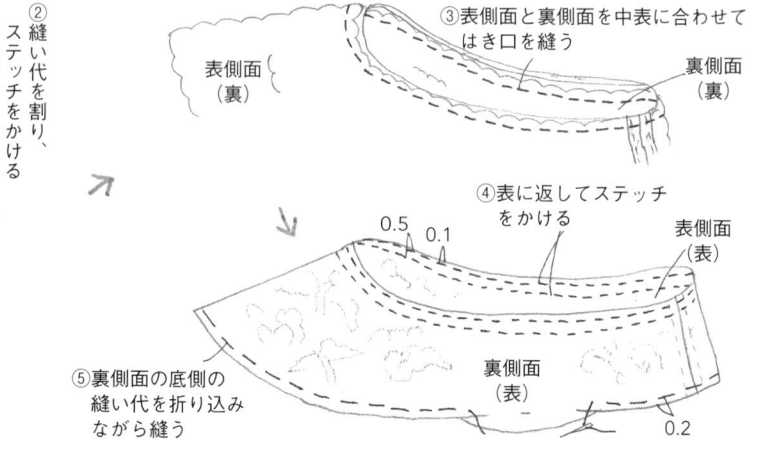

表側面（裏）

③表側面と裏側面を中表に合わせてはき口を縫う

裏側面（裏）

④表に返してステッチをかける

0.5　0.1

表側面（表）

⑤裏側面の底側の縫い代を折り込みながら縫う

裏側面（表）

0.2

## 3 仕上げる

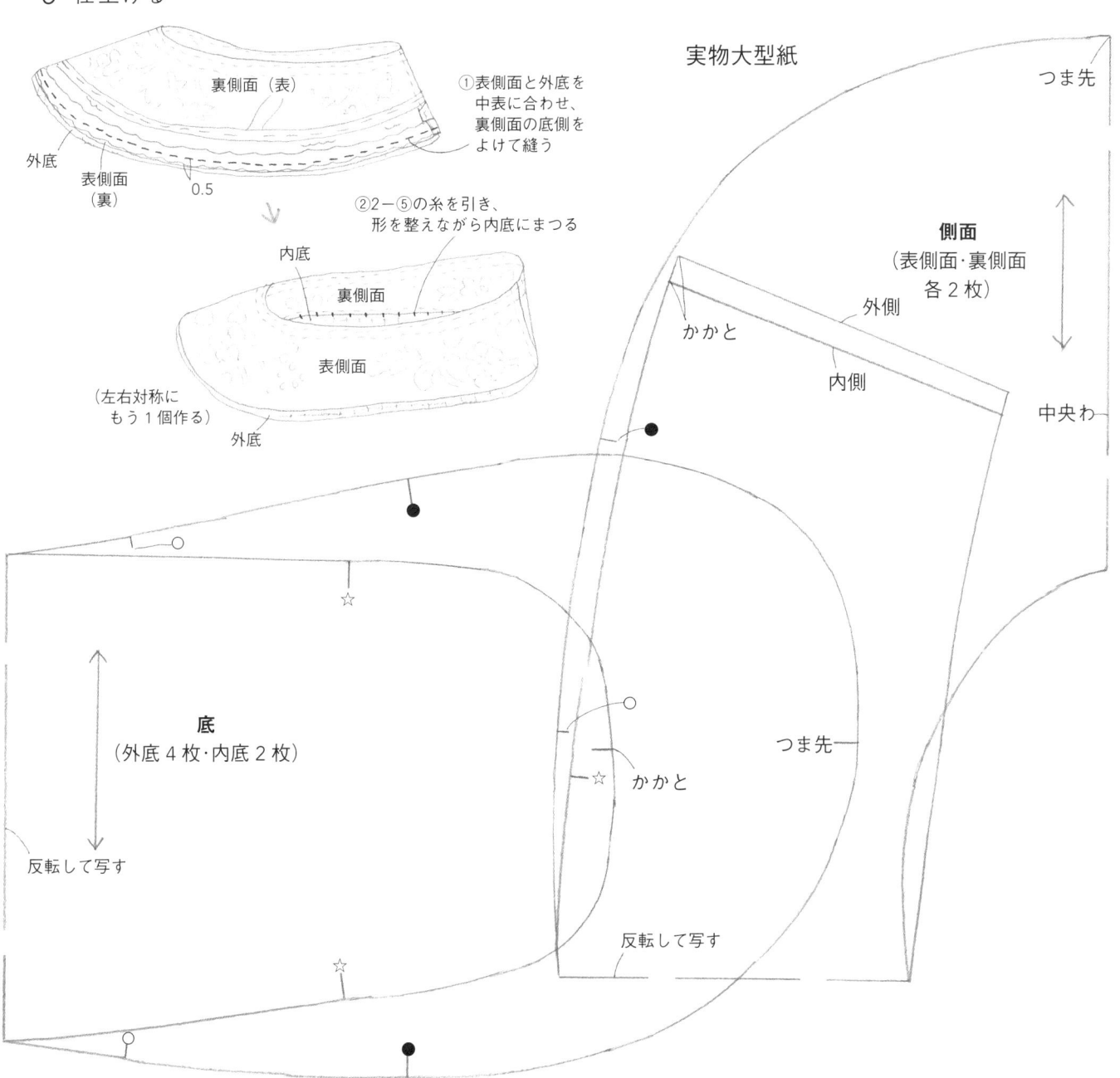

裏側面（表）

外底
表側面（裏）
0.5

①表側面と外底を
中表に合わせ、
裏側面の底側を
よけて縫う

②2－⑤の糸を引き、
形を整えながら内底にまつる

内底
裏側面
表側面

（左右対称に
もう1個作る）

外底

実物大型紙

つま先

側面
（表側面・裏側面
各2枚）

外側
内側

かかと

中央わ

底
（外底4枚・内底2枚）

反転して写す

かかと

つま先

反転して写す

# エプロン　*page 31*

〈出来上り寸法〉　前中心の長さ67cm

〈材料〉布はカットクロス → page2
Lサイズ（50×70cm／綿プリント・向きに注意）を1枚
　中心布・ひもA用
Lサイズ（70×50cm／綿ギンガムチェック）を1枚
　脇布・ひもB用・ループ

単位は cm　（　）内は縫い代　指定以外は裁切り

〈裁ち方図〉

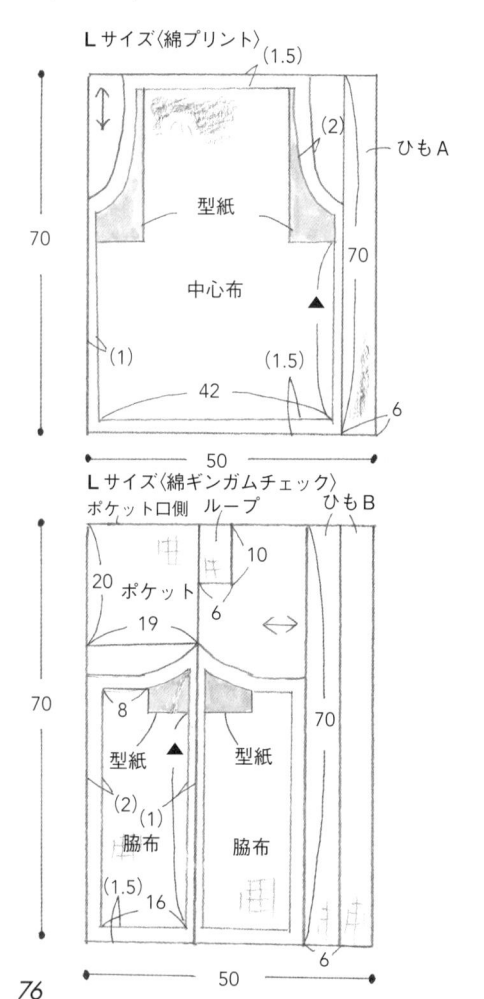

## 1　ひもとループを作る

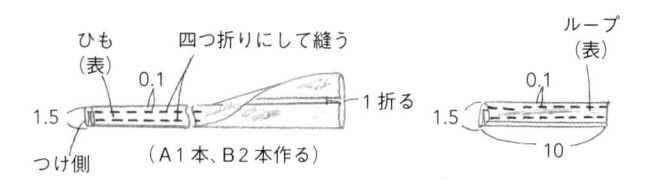

## 2　ポケットを作る

①ポケット口側の布端を
　三つ折りにして縫う

②底と両脇の
　布端を折る

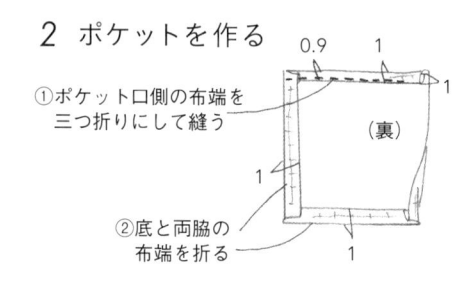

## 3　本体を作り、仕上げる

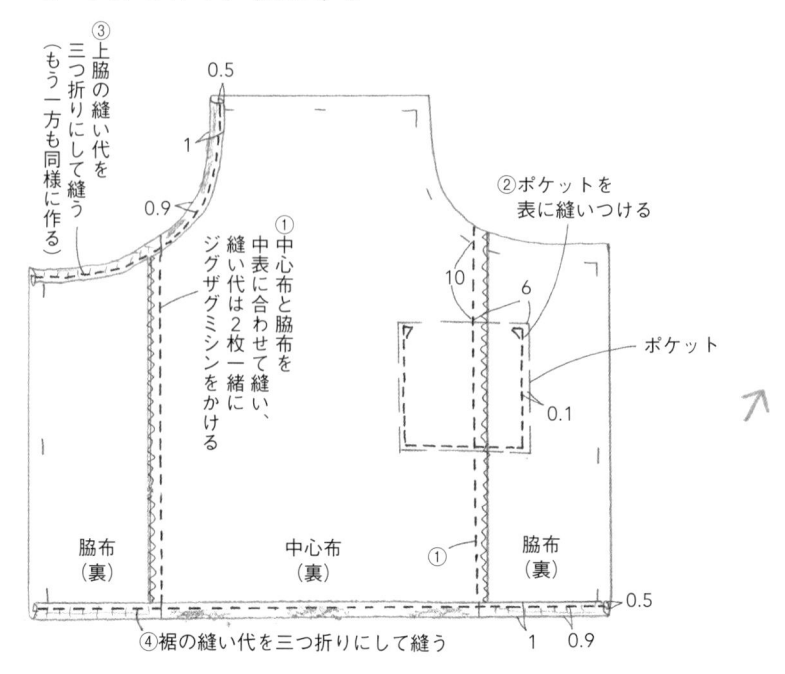

76

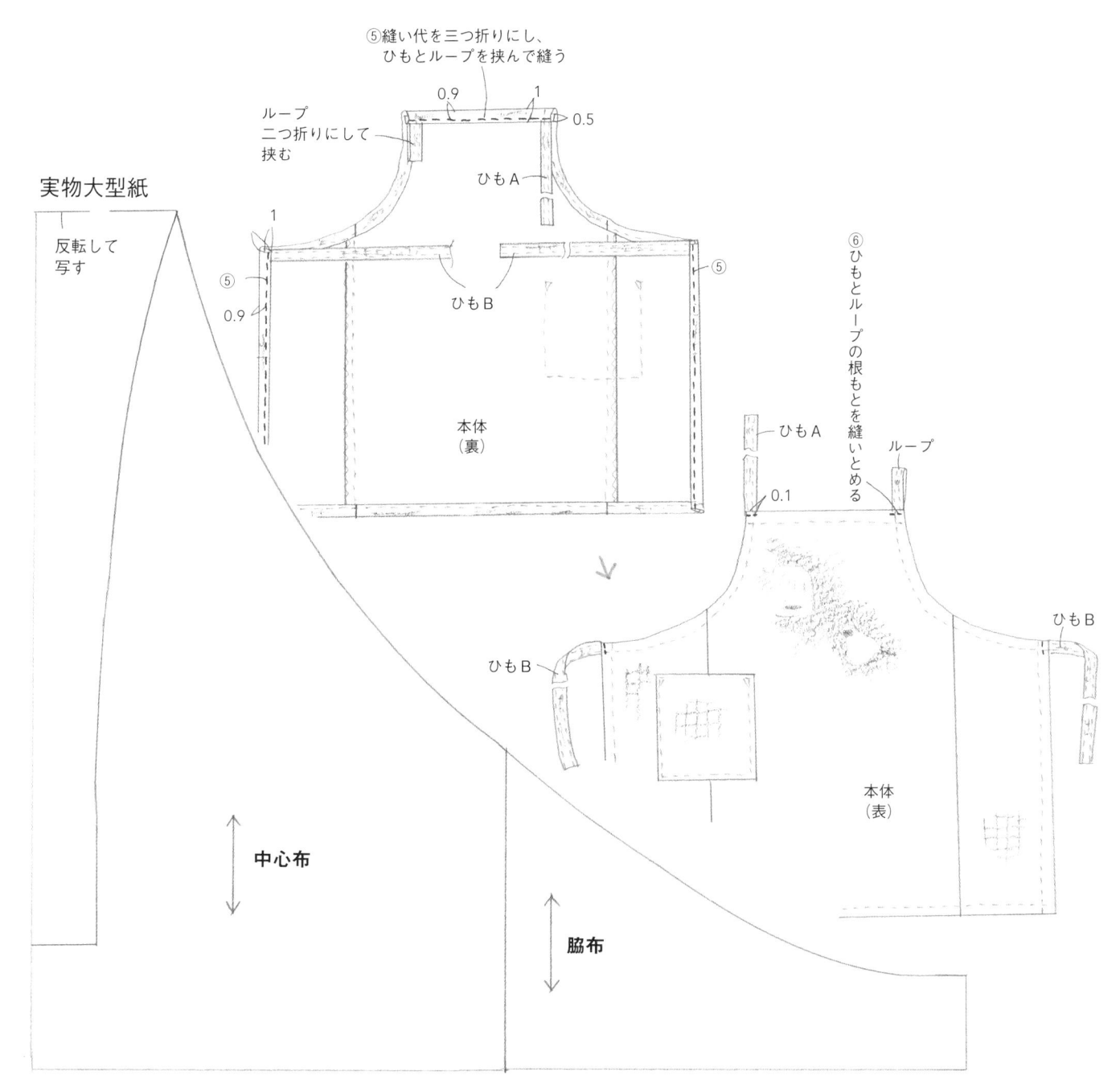

⑤縫い代を三つ折りにし、
ひもとループを挟んで縫う

0.9　　1
0.5

ループ
二つ折りにして
挟む

ひも A

実物大型紙

反転して
写す

1

⑤

0.9

⑤

⑤

ひも B

本体
(裏)

⑥ひもとループの根もとを縫いとめる

ひも A

ループ

0.1

ひも B

ひも B

本体
(表)

中心布

脇布

# トートバッグ　page32

**〈出来上り寸法〉** 縦26×横（袋口）33・底25×まち幅8cm

**〈材料〉** 布はカットクロス → page2
Lサイズ（70×50cm／綿オックス無地）を1枚
　表袋布用〔decollections〕
Lサイズ（70×50cm／綿花柄ボーダー）を1枚
　外ポケット用
Mサイズ（50×25cm／綿花柄）を1枚
　内ポケット・ふた用〔decollections〕
Lサイズ（70×50cm／綿無地）を1枚
　口布・裏袋布用
接着キルト芯　6×10cm
アクリルテープ　幅3×長さ48cmを2本
マグネットホック（縫いつけタイプ）　直径1.4cmを1組み

単位は cm　（　）内は縫い代　指定以外は裁切り

**〈裁ち方図〉**

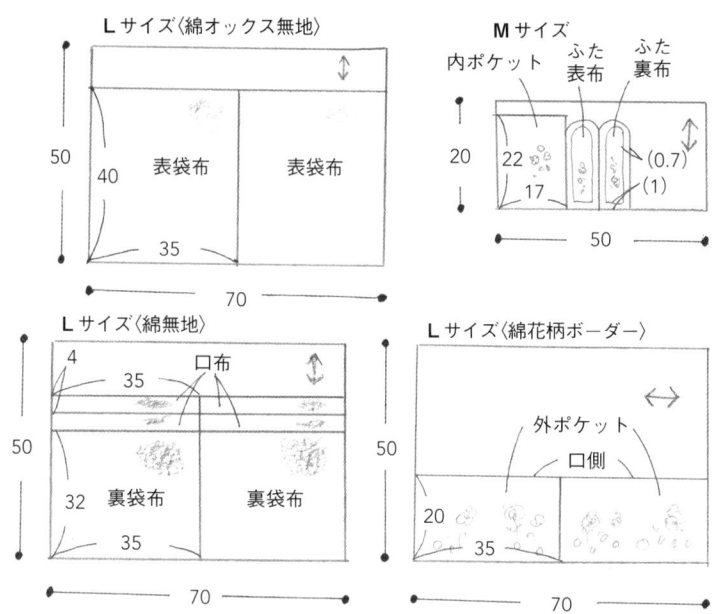

## 1　ふたを作る

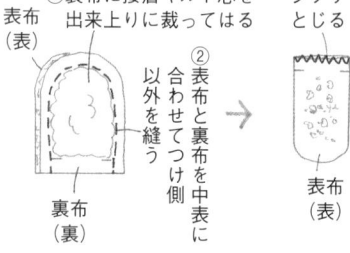

①裏布に接着キルト芯を出来上りに裁ってはる
②表布と裏布を中表に合わせてつけ側以外を縫う
③表に返してつけ側をジグザグミシンでとじる

表布（表）　裏布（裏）　表布（表）

## 2　内ポケットを作る

①二つ折りにし、返し口を残してポケット口以外を縫う

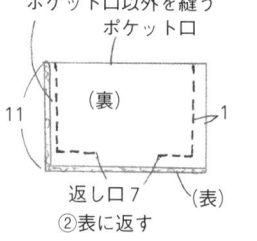

ポケット口　（裏）　11　1　返し口7　（表）
②表に返す

## 3　表袋布を作る

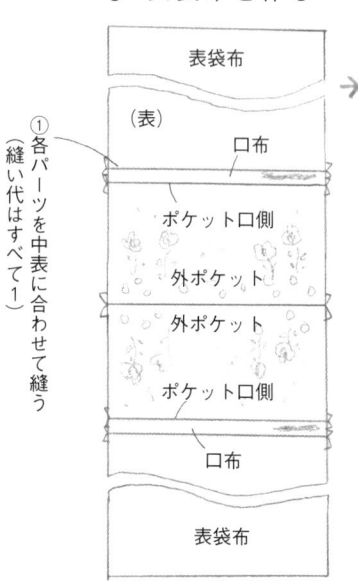

①各パーツを中表に合わせて縫う（縫い代はすべて1）

表袋布（表）　口布　ポケット口側　外ポケット　外ポケット　ポケット口側　口布　表袋布

②口布を二つ折りにしてポケット口を縫う

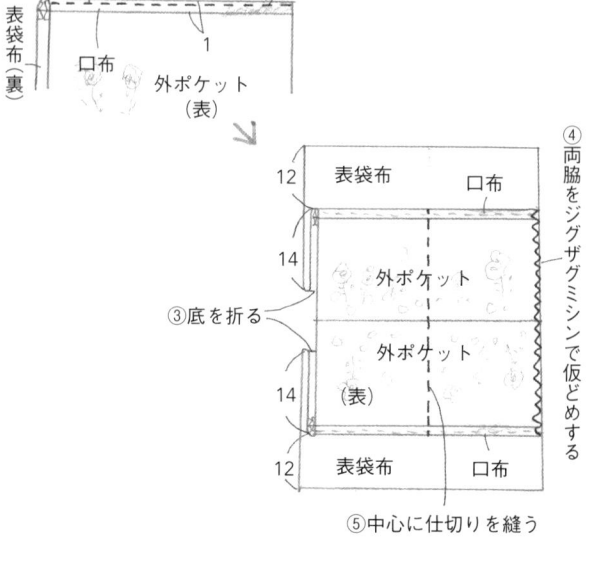

表袋布（裏）　口布　外ポケット（表）　0.2　1

③底を折る
④両脇をジグザグミシンで仮どめする
⑤中心に仕切りを縫う

12　表袋布　口布　14　外ポケット　14　外ポケット（表）　12　表袋布　口布

## 4 裏袋布を作る

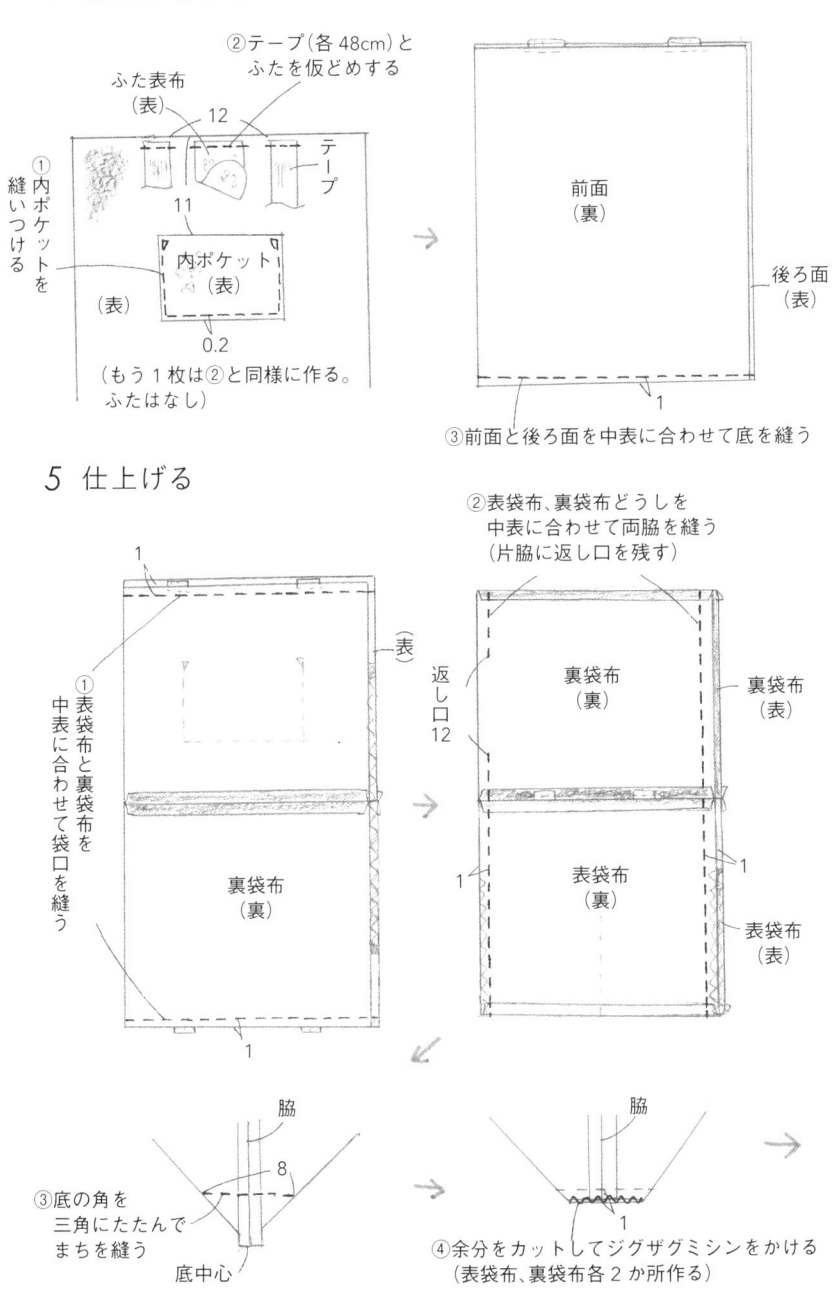

②テープ(各48cm)と
ふたを仮どめする

ふた表布
(表)

12

①内ポケットを縫いつける

11

テープ

内ポケット
(表)

(表)

0.2

(もう1枚は②と同様に作る。
ふたはなし)

前面
(裏)

後ろ面
(表)

1

③前面と後ろ面を中表に合わせて底を縫う

## 5 仕上げる

1

①表袋布と裏袋布を中表に合わせて袋口を縫う

(表)

裏袋布
(裏)

1

②表袋布、裏袋布どうしを
中表に合わせて両脇を縫う
(片脇に返し口を残す)

裏袋布
(裏)

裏袋布
(表)

返し口
12

1

表袋布
(裏)

1

表袋布
(表)

脇

8

③底の角を
三角にたたんで
まちを縫う

底中心

脇

1

④余分をカットしてジグザグミシンをかける
(表袋布、裏袋布各2か所作る)

実物大型紙

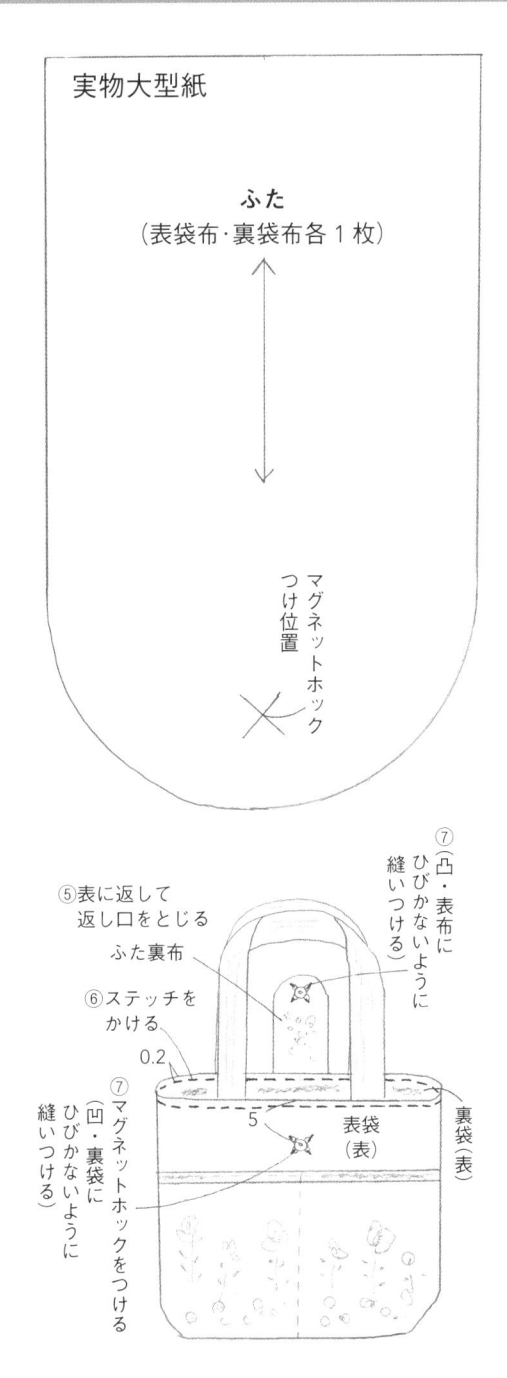

ふた
(表袋布・裏袋布各1枚)

マグネットホックつけ位置

⑦(凸・表布に
ひびかないように
縫いつける)

⑤表に返して
返し口をとじる

ふた裏布

⑥ステッチを
かける

0.2

⑦マグネットホックをつける
(凹・裏袋にひびかないように縫いつける)

5

表袋
(表)

裏袋
(表)

# ウールトートバッグ　*page34*

**〈出来上り寸法〉**　縦17×横（袋口）32・（底）18×まち幅14cm

**〈材料〉**布はカットクロス → page2
Lサイズ（70×50cm／ウール）を1枚
　表布用
Lサイズ（70×50cm／綿11号帆布）を1枚
　裏布用
革（持ち手カバー・コーナーパッチ用）　30×20cm
接着芯（薄手不織布タイプ）8×18cm
両面接着芯　28×6cm

単位は cm　（　）内は縫い代　指定以外は裁切り
**〈裁ち方図〉**

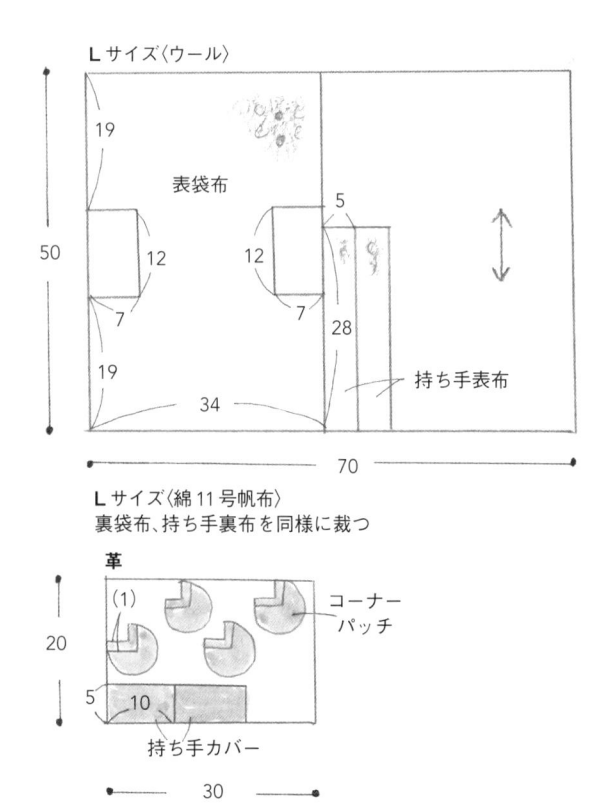

Lサイズ〈ウール〉
表袋布
50
19　12　7　12　7　5
28
19
34
70
持ち手表布

Lサイズ〈綿11号帆布〉
裏袋布、持ち手裏布を同様に裁つ

革
20
（1）
5　10
30
コーナーパッチ
持ち手カバー

## *1*　持ち手を作る

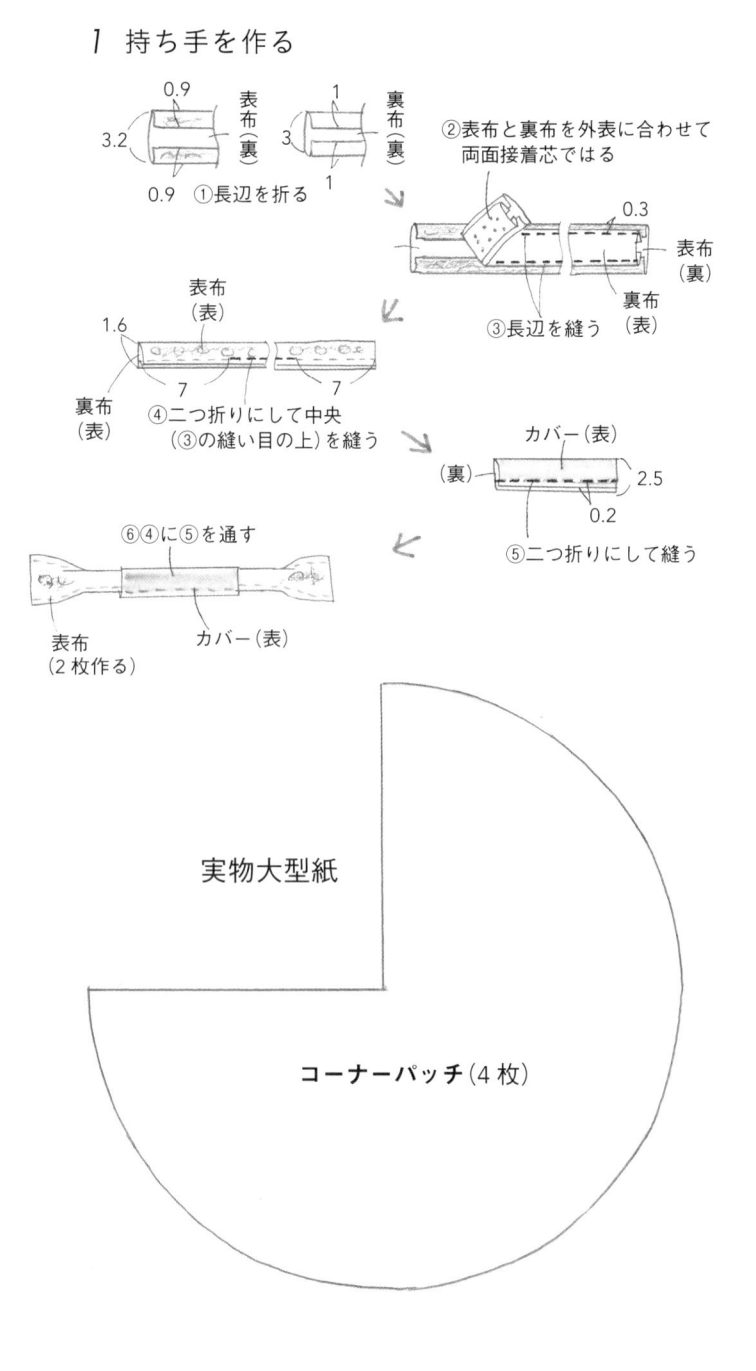

0.9　表布（裏）　1　裏布（裏）
3.2　3
0.9　①長辺を折る　1

②表布と裏布を外表に合わせて両面接着芯ではる

0.3
表布（裏）
③長辺を縫う　裏布（表）

表布（表）
1.6
7　7
裏布（表）
④二つ折りにして中央（③の縫い目の上）を縫う

カバー（表）
（裏）　2.5
0.2
⑤二つ折りにして縫う

⑥④に⑤を通す
表布（2枚作る）
カバー（表）

実物大型紙

**コーナーパッチ**（4枚）

## 2 表袋と裏袋を作る

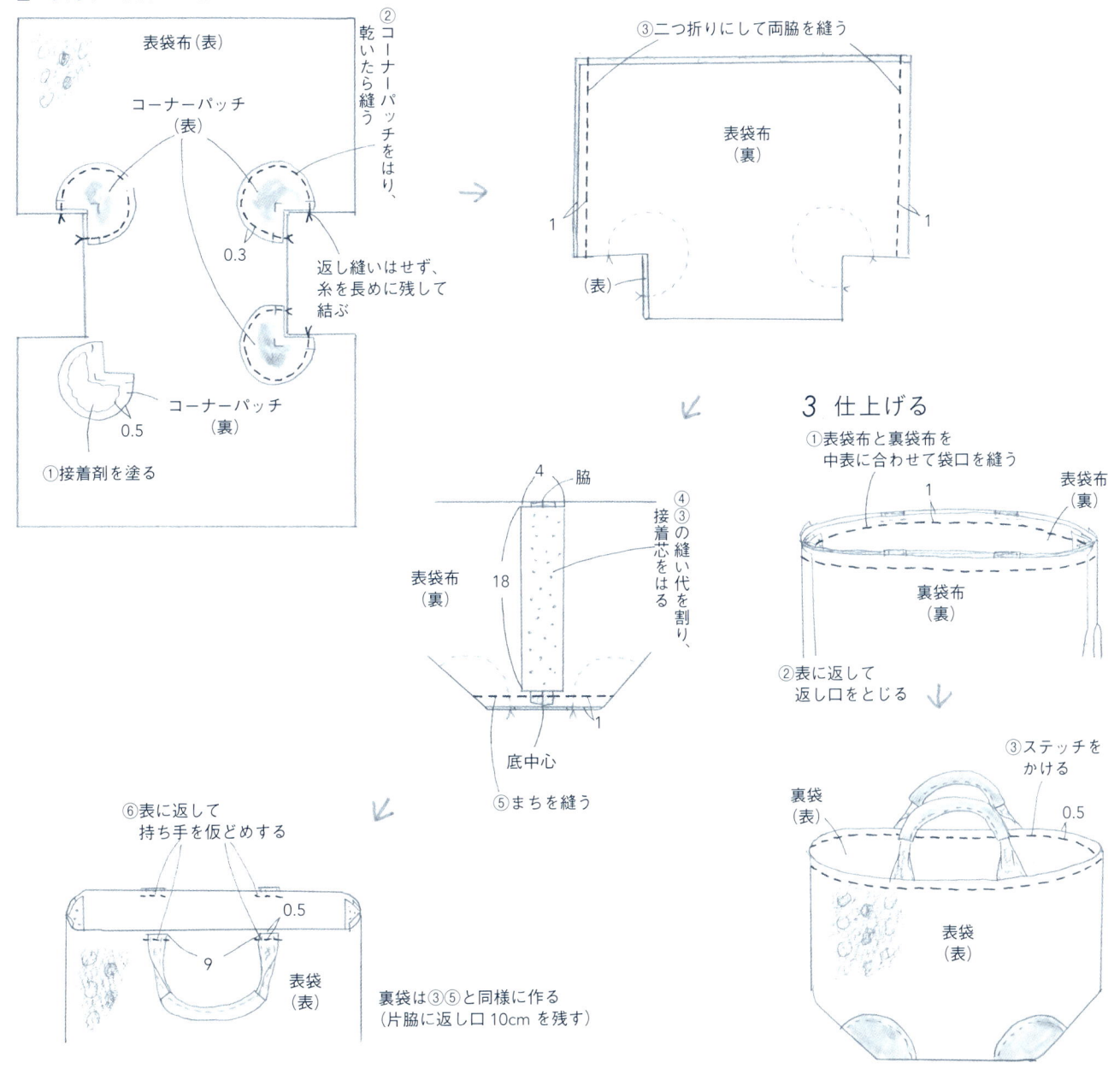

表袋布（表）

② コーナーパッチをはり、乾いたら縫う

コーナーパッチ（表）

0.3

返し縫いはせず、糸を長めに残して結ぶ

コーナーパッチ（裏）

0.5

① 接着剤を塗る

③ 二つ折りにして両脇を縫う

表袋布（裏）

1　　　　1

（表）

4　脇

表袋布（裏）

18

④③ の縫い代を割り、③ 接着芯をはる

底中心

⑤ まちを縫う

⑥ 表に返して持ち手を仮どめする

0.5

9

表袋（表）

裏袋は③⑤と同様に作る
（片脇に返し口 10cm を残す）

## 3 仕上げる

① 表袋布と裏袋布を中表に合わせて袋口を縫う

表袋布（裏）

1

裏袋布（裏）

② 表に返して返し口をとじる

③ ステッチをかける

裏袋（表）

0.5

表袋（表）

# パッチワークフラットバッグ　*page35*

〈出来上り寸法〉 縦24×横32cm

〈材料〉布はカットクロス → page2
Sサイズ (20×20cm ／綿シェニール) 6種を各1枚
　パッチワーク布A・B・C・D・E・F用
Lサイズ (70×50cm ／麻無地) を1枚
　裏袋布用
接着芯 (薄手不織布タイプ)　45×140cm
革テープ　幅1.2cmを70cm

単位は cm　縫い代は1cmつける　接着芯 (・・) を布の裏にはり、各パーツを裁つ

〈裁ち方図〉
**Sサイズ**
パッチワーク布A・B・C・D・E・F

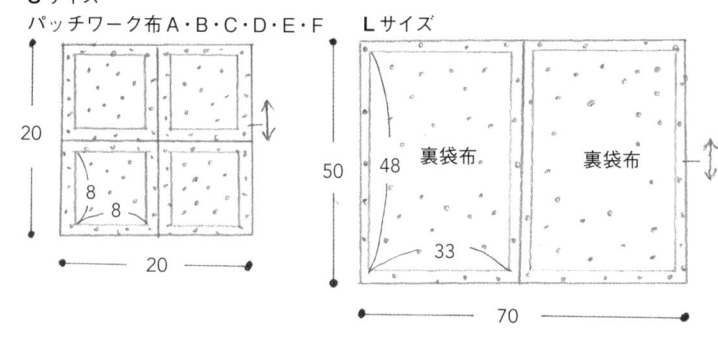

20

20

8
8

**Lサイズ**

50

48　裏袋布　　裏袋布

33

70

## 1　表袋を作る

①パッチワーク布を中表に合わせて縫い、
　横列を作る (6枚作る、配色は②参照)

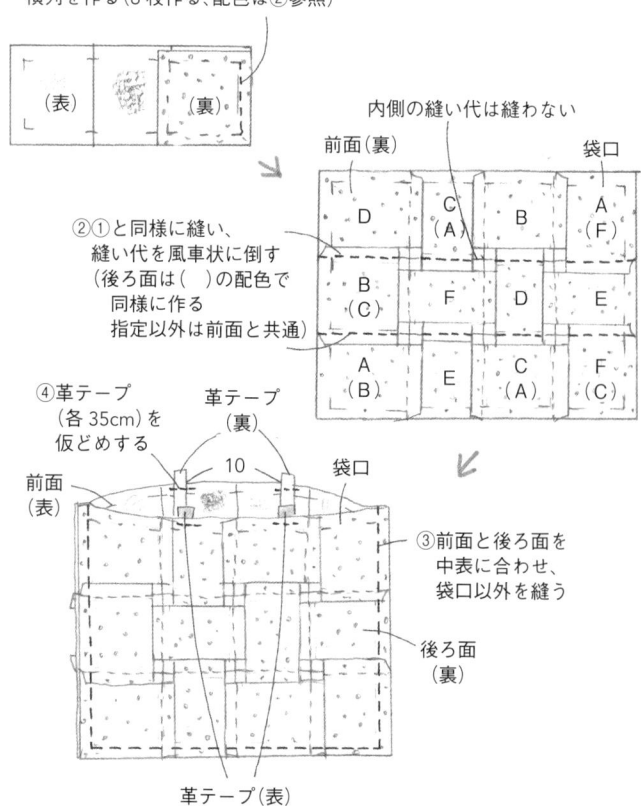

(表)　(裏)

内側の縫い代は縫わない

前面(裏)　　　　　　　　袋口

②①と同様に縫い、
　縫い代を風車状に倒す
　(後ろ面は ( ) の配色で
　同様に作る
　指定以外は前面と共通)

D　C(A)　B　A(F)

B(C)　F　D　E

A(B)　E　C(A)　F(C)

④革テープ (各35cm) を仮どめする

革テープ (裏)

前面(表)

10

袋口

③前面と後ろ面を
　中表に合わせ、
　袋口以外を縫う

後ろ面(裏)

革テープ(表)

## 2　裏袋を作る

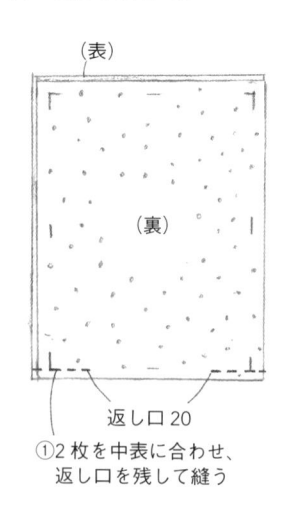

(表)

(裏)

返し口 20

①2枚を中表に合わせ、
　返し口を残して縫う

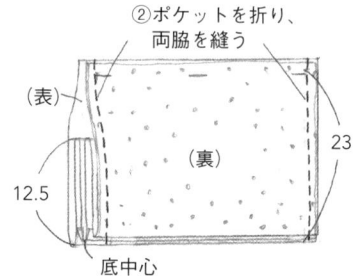

②ポケットを折り、
　両脇を縫う

(表)

(裏)

23

12.5

底中心

## 3　仕上げる

①表袋布と裏袋布を
　中表に合わせて
　袋口を縫う

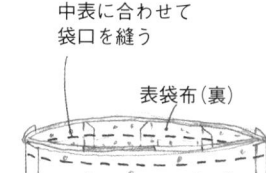

表袋布(裏)

裏袋布(裏)

②表に返して
　返し口をとじる

裏袋(表)

表袋(表)

実物大型紙

page 48　テトラポーチ　C・D・Eは全型（各1枚）

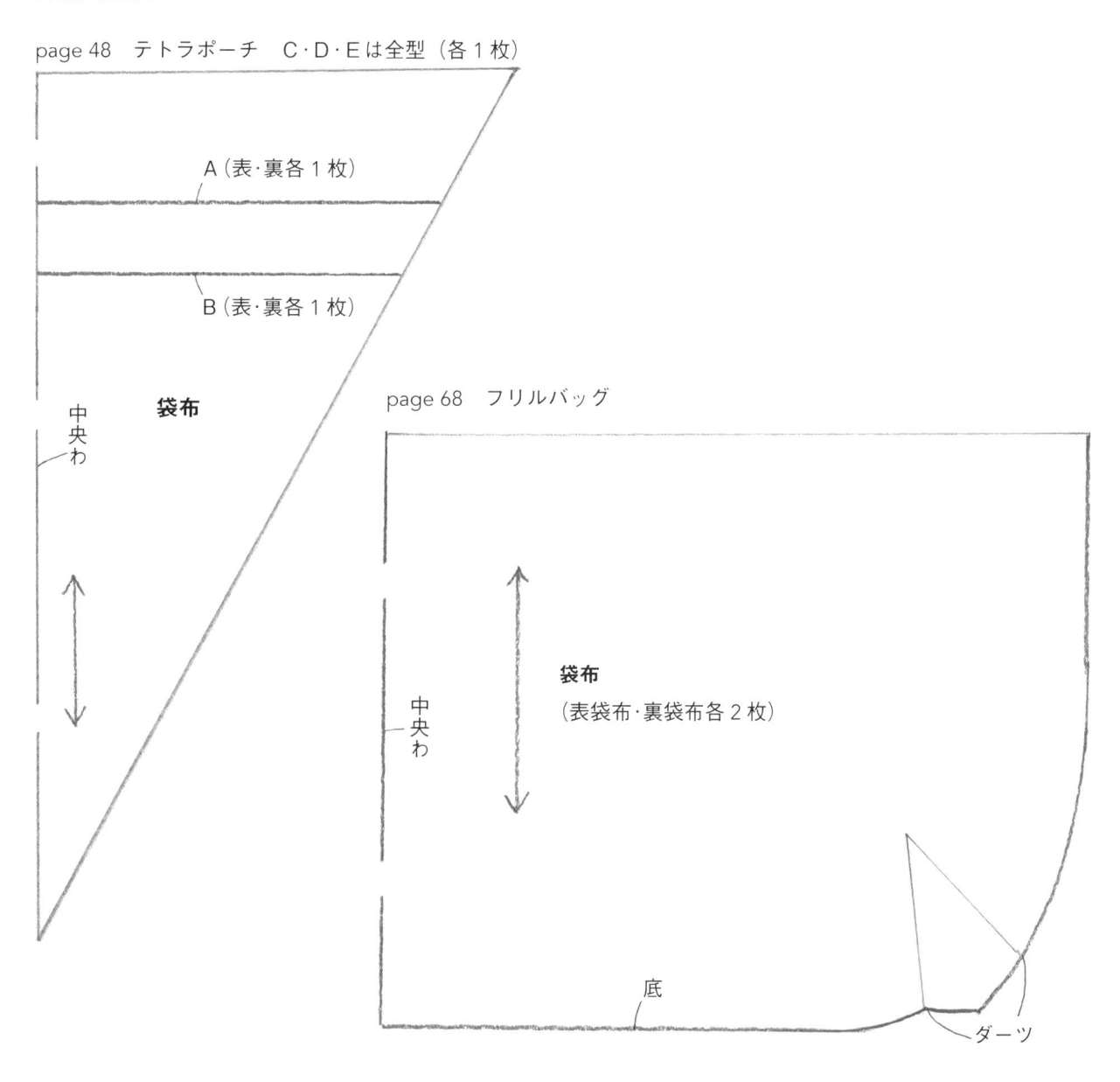

A（表・裏各1枚）

B（表・裏各1枚）

袋布

中央わ

page 68　フリルバッグ

袋布
（表袋布・裏袋布各2枚）

中央わ

底

ダーツ

## profile

### 青木恵理子

服飾系専門学校を卒業後、アパレルメーカー、雑貨店勤務を経て、手芸作家として活動を始める。雑誌や書籍などで作品を発表するかたわら、個展や手づくり教室の開催など多方面で活躍。センスのよい生地選びや使い勝手のよいデザインに定評がある。

### 越膳夕香

女性誌の編集者を経て作家に転身し、手芸雑誌や書籍などで作品を発表している。布小物からニット小物まで、多彩なアイテムを製作。各自が、好きな素材で作りたいものを作るフリースタイルの手芸教室「xixiang手芸倶楽部」を主宰。
http://www.xixiang.net

### komihinata

大学在学中に専門学校でグラフィックデザインを学ぶ。育児のかたわら始めたブログで、毎日紹介していた作品が評判となり、ハンドメイドブログランキングで常に上位を獲得するほどの人気作家に。雑誌に作品を発表したり、カルチャーセンターで講師を務めるなど活躍中。
http://blog.goo.ne.jp/komihinata

### 久文麻未

デザイナー。桑沢デザイン研究所、文化服装学院などで学んだ後、アパレルメーカーのデザイナーを経て独立。パタンナーの三代朝美とのソーイング＆手芸ユニット"Quoi?Quoi?"(コアコア)としても活躍。バッグやアクセサリーなど数々の雑誌、書籍で作品を発表。

## staff

| | |
|---|---|
| 装丁・レイアウト | 塚田佳奈(ME&MIRACO) |
| 撮影 | masaco |
| スタイリング | 四分一亜紀 |
| モデル | Kalina |
| ヘアメイク | KOMAKI |
| 原稿・イラスト | 吉田 彩 |
| 校閲 | 向井雅子 |
| 編集 | 小泉未来 |
| | 三角紗綾子(文化出版局) |

〈材料提供〉
CHECK&STRIPE
吉祥寺店　東京都武蔵野市吉祥寺本町2-31-1 山崎ビル1F　tel.0422-23-5161
鎌倉店　神奈川県鎌倉市由比ガ浜2-16-1　tel.0467-50-0013
http://checkandstripe.com

角田商店
東京都台東区鳥越2-14-10　tel.03-3863-6615
http://towanny.com/

decollections
http://www.decollections.co.jp/

〈撮影協力〉
fog linen work
tel.03-5432-5610　http://www.foglinenwork.com
(p.10のコートワンピース、p.18のはさみ)

YUKI
tel.03-6450-5243　https://www.yuki-desu.net/
(p.5のワンピース、p.15、31のTシャツ、p.24のトップス、p.35のスカート)

AWABEES
UTUWA

# カットクロスでつくる布こもの
## 文化出版局編

2018年7月22日　第1刷発行

発行者　　大沼 淳
発行所　　学校法人文化学園 文化出版局
　　　　　〒151-8524 東京都渋谷区代々木3-22-1
　　　　　TEL. 03-3299-2487(編集)　TEL. 03-3299-2540(営業)
印刷・製本所　　株式会社文化カラー印刷

文化出版局のホームページ　http://books.bunka.ac.jp/